南丁格尔

Florence
Nightingale

南丁格尔

Florence Nightingale

 皮波人物国际名人研究中心 编著

国际文化出版公司

·北京·

图书在版编目（CIP）数据

南丁格尔/皮波人物国际名人研究中心编著. --北京：
国际文化出版公司，2013.12（2024.2重印）
（名人传记丛书）
ISBN 978-7-5125-0512-4

Ⅰ. ① 南… Ⅱ. ① 皮… Ⅲ. ① 南丁格尔，F.
（1820～1910）—传记 Ⅳ. ①K835.616.2

中国版本图书馆CIP数据核字（2013）第104861号

南丁格尔

作　　者	皮波人物国际名人研究中心　编著	
责任编辑	赵　辉	
统筹监制	葛宏峰　刘　毅　刘露芳	
策划编辑	周　贺	
美术编辑	丁鋆煜	
出版发行	国际文化出版公司	
经　　销	国文润华文化传媒（北京）有限责任公司	
印　　刷	北京一鑫印务有限责任公司	
开　　本	700毫米×1000毫米	16开
	9印张	83千字
版　　次	2013年12月第1版	
	2024年2月第3次印刷	
书　　号	ISBN 978-7-5125-0512-4	
定　　价	34.00元	

国际文化出版公司
北京市朝阳区东土城路乙9号　　　　邮编：100013
总编室：（010）64270995　　　　传真：（010）64270995
销售热线：（010）64271187
传真：（010）64271187-800
E-mail：icpc@95777.sina.net

目录

目录

目录

胸怀梦想的少女

南丁格尔家

弗洛伦斯·南丁格尔，因在克里米亚进行护理工作而闻名于世，被誉为"提灯女神"。她是世界上第一个真正的女护士，开创了护理事业。"5·12"国际护士节设立在弗洛伦斯·南丁格尔的生日这一天，就是为了纪念这位近代护理事业的创始人。

弗洛伦斯·南丁格尔的父亲是一位旅行家，游历过欧洲各国，尤其以旅居意大利的时间最长。1820年5月12日，弗洛伦斯的父母在游历托斯卡纳大公国（现在的意大利佛罗伦萨）的途中，弗洛伦斯降生了。

弗洛伦斯的姐姐芭斯诺普大她一岁，出生于意大利的那不勒斯，这对姐妹从小就以芭斯和弗罗为乳名。她们长得活泼可爱，受到了父母和亲朋的喜爱。

弗洛伦斯·南丁格尔的父亲威廉·爱德华·南丁格尔是一个博学、有文化教养的人。母亲芬妮·史密斯出身于英国望族，不但家庭富裕，更是世代行善，名重乡里。

南丁格尔家拥有三处豪华的住宅，所以他们经常随着季节变换，更换住处。这样可以在最适合的地方享受舒适的生活。通常，南丁格尔家都会在茵幽别墅避暑，其他时候大多定居于恩珀蕾花园，只有社交时节才去往伦敦。

弗洛伦斯·南丁格尔

南丁格尔家的茵幽别墅周围环绕着广阔而又绚丽的自然景色。远处起伏着一片灰色的砂岩山，近处有清澈见底的溪流，在山与河之间有一片绿油油的草地牧场，牧场中央有一座雕琢典雅的伊丽莎白女王时代的宫殿式建筑。

别墅后面是宽阔的庭院和郁郁葱葱的林荫，小松鼠在枝干上欢快地跳跃，用褐色的小眼睛出神地望着树下。弗洛伦斯小时候最喜欢在这里玩耍，她和松鼠之间建立了一种十分深厚的感情。

弗洛伦斯经常捡取掉落在树下的松果，或骑着小驴在树荫下散步。她也经常到附近的穷人家里探望，尤其有人生病时，她会去得更频繁。

弗洛伦斯的母亲心地善良，她经常送给贫民一些食品或衣物。当然，传达这份关爱之情的工作要交给热心的弗洛伦斯。弗洛伦斯还喜欢跟着教区的牧师四处拜访贫苦人家。这个教区牧师略通医学，他成为了第一个给弗洛伦斯灌输医学知识的人。

接受教育

100多年前，欧洲的教育形态跟我国古代的教育风气有些相像。富贵人家会聘请私人教师专门到家里教导子女，弗洛伦斯和芭斯诺普就是在这种环境下接受教育的。

无论是学识或修养，弗洛伦斯的父亲都称得上是一位高雅的绅士，他毕业于剑桥大学，有着前卫的思想与理念。

南丁格尔先生教育子女有独特的方法，他并不像一般富贵人家的家长那样将子女完全交给家庭教师，任凭他们安排，而是自定课程，希望教师按照他的课程教导。

芭斯诺普和弗洛伦斯姐妹在老师的指导下，遵照父亲的指示，学习文法、写作、手工艺、音乐、法语、德语、意大利语、拉丁语、希腊语、数学、心理学、英国史、德国史、意大利史和土耳其史等课程。

虽然这些课业很枯燥、繁重，但这奠定了弗洛伦斯的知识基础，使她能够与各国人士交谈，也能阅读各国的典籍，储备更多的知识。

弗洛伦斯15岁的时候，父亲亲自为她讲授著名的《荷马史诗》。

弗洛伦斯从小就对所有事物充满强烈的好奇心，甚至连大家都感到乏味的政治问题，她也十分感兴趣。她对时事有自己的主张与见解，还能做出详细的分析和说明。

父亲对于女孩子过问政治或分析政治问题的行为从不反对，所以他经常陪弗洛伦斯谈论天下大事，也趁机夸耀她的才能以及纠正她的错误，以便她对政治有更深层次的了解。

生长在这种环境下的弗洛伦斯，除了喜欢看哲学、宗教、历史、文学、政治等书籍外，还跟随父亲学习各种知识，从而练就了她独立自主的顽强性格。

刚开始接受教育的时候，她只是一味地涉猎各种书籍，毫无选择。后来，她才懂得去粗取精的道理，开始慎重选择适合自己看的书。

弗洛伦斯是一个细心、谨慎的女孩，无论做什么事，她从不敷衍了事，求学问更不含糊，遇有疑难或重要的部分，她会将它记录下来，或者做下记号，直到完全了解或熟记为止。

弗洛伦斯 17 岁那年，为了庆祝学业告一段落，也为了证明能够学以致用，父母带着她们姐妹俩去外地旅行，增加见闻，开阔心胸。从 1837 年 9 月 8 日起程，直到第三年的 4 月 6 日才结束，这次旅程用了整整一年零八个月。

在这次漫长的旅行中，弗洛伦斯他们去过德国、法国和瑞士等国家。

全家人以悠闲自得的心情，游历了这些国家。他们决不吝惜时间和金钱，这种奢侈豪华、自由自在的生活不知道让多少人羡慕不已。

他们游览了各处名胜古迹，还拜访了当地有名的士绅，并且接受各种大型聚会的邀请，诸如酒会、游园会、舞会，也抽时间欣赏歌剧、音乐会。除此之外，他们还参加政治团体的集会和慈善活动。

有时候，父亲还会聘请著名的音乐教授指导芭斯诺普和弗洛伦斯，所以她们二人不但能歌善舞，还能弹一手悦耳的钢琴。

通常他们都会在繁华的都市逗留两三个月，尤其是花都巴黎。他们从 1838 年年底到第二年，整个冬天都是在这里度过的。

弗洛伦斯在巴黎，通过旁人介绍，进入了法国第一流的社交团体。

"弗洛伦斯最喜欢意大利热那亚的风光，最欣赏意大利歌剧，凡是意大利著名声乐家的表演，她从来没有错过一次。"母亲高兴地与朋友谈论着。

当全家结束旅程，再度踏入英国时，弗洛伦斯已经 19 岁了。

父母一直都夸赞弗洛伦斯，说她生得很漂亮。她身材苗条，柳腰细眉，浓密的深褐色头发映着雪白柔嫩的肌肤，显得格外标致。她有一双灰色的眼睛，平时总会带着些许忧郁。不过当她睁大眼睛时，却又显得炯炯有神，充满朝气。她微笑时总会露出一口洁白如玉的牙齿。她喜欢穿黑色的衣服，显得格外高雅，气度非凡，就像圣女般神圣不可侵犯。

弗洛伦斯清雅脱俗，举止大方，知识丰富，见闻广博，并且对事情有独特的见解，不随意附和，所以她总能给人留下很深的印象。

内心的向往

进入社交界，物色一个有为的青年，彼此相爱而结婚，每天过着奢华、快乐而热闹的生活，这就是展现在弗洛伦斯面前的人生道路。

这是上层社会中不变的法则，凡是高贵的淑女都必须遵守这种既定的生活形态，在弗洛伦斯的亲戚朋友中，没有一个少女不是踏着快乐的步伐迎接这条人生道路的。

"以她的容貌和才华，将来的日子一定会既幸福又美满。"大家都对弗洛伦斯的未来满怀信心。

但弗洛伦斯自己却从没有考虑过这些问题。她的梦想与人们所想象的完全不同。

"这孩子是怎么回事？"弗洛伦斯 6 岁时，她的母亲就发觉她有些奇怪。

她不像别的孩子一样整天吵吵闹闹，而是经常凝眉沉思。她喜欢终日与松鼠为伍，不愿被别人发现或受到干扰。

"我想，这孩子是太内向了！"母亲经常忧虑地看着弗洛伦斯不断叹气。

当第一次旅行结束后，弗洛伦斯曾写过一封信给她的姨妈：

> 你们总是埋怨伦敦的生活忙碌不堪，但生活在城市中，至少拥有一个宁静和真正属于自己的上午。可是我呢？这里就像矗立在乡间的豪华剧场，自从9月份回到这里，和家人团聚的日子没超过两个星期，每天人来人往，宾客满门，简直就是个娱乐场所。我时时刻刻都要撑着笑脸，陪大家谈天说地，真是繁忙而无聊。我真的感觉有点透不过气，我感到十分痛苦。

"这孩子真是很奇怪！"姨妈也这样想。

"弗洛伦斯太内向了，和芭斯诺普完全不同。长此以往，她必定会失去很多快乐和幸福。这孩子，真是太可怜了！"姨妈为弗洛伦斯奇怪的个性担忧不已。

在社会上拥有崇高的地位，又不乏物质上的享受，终日欢笑嬉戏，这种无忧无虑的贵族生活是每个少女所期盼的，如果不满足于这种生活，那实在是太愚蠢、太可笑了！

世界上恐怕只有弗洛伦斯才会为这种生活感到悲哀痛苦吧？

她似乎永远都不能理解，这种枯燥、乏味的生活到底有何意义？她也猜不透，人们为什么终日欢笑、嬉戏？

每天都是机械般地看戏、听音乐、欣赏舞蹈、参加慈善活动……而后接待客人、回拜客人，虽然忙碌，却都是一些毫无意义的无聊之事，这些以前遗留下来的上流社会生活形式，在她眼里根本没有一点价值。

但是，为了维护南丁格尔家族高贵的声望，她只能屈从于固有的礼俗。身为贵族家的千金，她不得不笑脸迎人，处处表现出喜悦、快乐的样子。不过，这些无法卸除的重担更加重了她内心的痛苦。

希望做一个护士

弗洛伦斯的理想与幸福完全不属于这个奢靡、浮华的世界。

一天晚上，弗洛伦斯和朋友在她的独院中散步。当她们看到院外边的夜景时，都不禁露出惊喜之色。

"啊，真是美丽极了！好像飘浮在雾中的画舫。"

弗洛伦斯的朋友不禁停下脚步，紧握住她的手，由衷地说："是啊，真的很美！"

路边微弱的灯光，照在迎风摇动的花草树木上，就像梦幻仙境般缥缈而又绚丽。

弗洛伦斯此时止住脚步，望着灯光下院中窗户透射出来的光说："如果把这里改成医院该多好，每个窗子下摆一张病床，我是受人敬爱的护士，每天来回探望和照顾床上的病人，让他们在这种环境和亲切的安慰下，安心地养病……那该有多好！"

"亲爱的，你怎么会有这种想法呢？"

弗洛伦斯也对自己怪异的思想感到迷茫，"为什么我会有这种奇怪的想法？为什么我的思想和别人有如此大的不同呢？我始终无法了解……自从我懂事以来，这种想法一直跟随着我，我当然知道，说出我的心愿一定会被人们取笑，即使他们保持缄默，我也能感受到他们内心的失望，但我却没有办法改变我自己……"

后来，弗洛伦斯还在日记中说："我希望找一个工作，不论是什么事情，只要有益于人类，我都会全力以赴。我热切地盼望用服务来充实自己的生命，否则我的内心永远无法安宁。我发现护士是最好的职业，一旦这种想法在我心中建立，就绝不可能轻易地放弃。我希望做一个护士，如果不可能，我也愿意献身于残障儿童的教育事业。"这就是一直萦绕在弗洛伦斯心中的梦想，当现实的生活与理想相差太多时，她感到痛苦不安。

明天去伦敦，下星期到茵幽别墅，下个月又要到……这种人人羡慕的贵族生活却是弗洛伦斯最厌烦的。

"已经9月中旬了，我们什么时候去恩珀蕾呢？"母亲问父亲。

父亲说："大概下星期吧，最快不超过星期二或星期三！"

弗洛伦斯听完之后，立刻显出不高兴的样子。

姐姐在一旁发现弗洛伦斯的神情有些不对，关切地问："怎么了？弗洛伦斯，你不愿意去恩珀蕾吗？"

弗洛伦斯正有此意。

"为什么不喜欢恩珀蕾呢？"

"我不是不喜欢恩珀蕾。"

"那你为什么不想去呢？这太奇怪了！"

父母亲都同意芭斯诺普的看法，弗洛伦斯感到无处倾诉，她总是不被人理解。

当然，弗洛伦斯也喜欢恩珀蕾，但这里有一位需要她照顾的老妇人，她怎么能一走了之呢？

就在附近的一间小屋中，住着一位生病的妇人，她并不是真的很老，但总是弯着腰，全身酸痛，不断地呻吟。

每当家里热闹喧嚷时，弗洛伦斯就趁机偷偷地跑去那间屋子，为这位妇人按摩僵硬、痉挛的身体。这件事能够让她在无聊、失望的生活中感到快乐与舒畅。

刚开始，这位妇人不敢接受弗洛伦斯的好意，更不敢让她高贵、美丽的双手按摩，但是弗洛伦斯的真诚、善良使妇人无法拒绝，她最终接受了弗洛伦斯的好意。现在，妇人每天都期盼着弗洛伦斯的来临。

"谢谢你！小姐，自从你来了之后，我感到身体一天天好转，昨天晚上我睡得特别好！今天早上醒来后，觉得全身舒畅，我好久没这么轻松过了，真是谢谢你！"

老妇人紧紧握着弗洛伦斯的手，感激地流着眼泪。

只要再连续按摩几天，老妇人的病就能痊愈，在这种重要的时刻，将病人丢下不管，这不是弗洛伦斯愿意做的事！

萌生伟大的梦想

弗洛伦斯 9 岁起，就有写日记的习惯，在她的第一篇日记中，她这样写道：

神，必与我们同在。

她坚定、虔诚的信仰从未因任何困难险阻而产生丝毫的动摇。不过，她却常被心中的梦想所困扰。越是迷惘无助，她的信仰越坚定，她的爱心、耐心与恒心永远和理想紧紧结合在一起。

她认为，信仰神就是要遵从神的旨意。神爱众人，希望行在天国的"道"能降临人世，所以人必须作为神的手足，以完成他伟大的意旨，只有这样才能得到真正的幸福。

她又在日记中写道：

一切事物的基础都必须建立在神爱的坚固基石上，耶稣基督以苦难的一生，换取人类无边的幸福。

想得到工作的喜悦，就必须抱着敬业、乐业的精神，而不是虚荣、谄媚或鄙视贫贱。我时常自我反省，对于自己所做的事，是否真能尽心尽力、诚实无伪，我期待解除内心的疑惑和困扰。

　　她既不保持出世的信仰观念，更不赞成离群索居、独善其身的生活方式。弗洛伦斯认为人如果生活在一个不需劳动和工作的地方，生命就会失去意义。

　　她是一位彻底的实行主义者。她认为梦想必须经过力行才能成为真正的理想，否则将永远只是一个美丽的幻象。她也经常和尼克森伯母谈论神与宗教等信仰问题，在写给尼克森伯母的信中，她说：

　　　　人生如战场，必须奋斗不懈，与邪恶对抗；即使只有分寸的土地，也要尽力争取最后的胜利。而夜晚正是神赐予我们安息与祈祷的时刻，借着黑夜的安眠等待明天的来临。天国的实现、圣国的来临，是为了拯救所有的人类，并非只为了个人的幸福与荣耀。只有善于利用生命的人，只有懂得生命的价值和意义的人，才有资格与天使同列。

　　　　天使的定义是什么？如果天使只是撒播美丽鲜花的人，那么无知、顽皮的小孩也可以称为天使了。

　　　　护士就像医院的女佣，她们必须清除脏乱和污秽，

为病人洗身体，做人们厌恶、鄙视，而从不受到感激
的工作，但我却认为这些有益于人类、使人类健康的
工作者，才是真正的天使。

因为抱着服务第一的工作热忱，弗洛伦斯不太注重宗教
仪式或规范，也不注意宗教的派别。基督教派中的天主教具
有高度的服务精神，所以弗洛伦斯对天主教特别有好感。

南丁格尔家的宗教信仰是绝对自由的，例如弗洛伦斯的
父亲是唯一神教派（基督为唯一的神）的信徒，母亲和姐姐
信仰的是英国国教（新、旧教义的折中派），而弗洛伦斯则
向往天主教的服务精神。

"天主教团会赐予我工作，培养我工作的能力，同情我
急于服务的心，并帮助我达成愿望。但英国国教会则不然，
他们只会对我说：'回家去帮助母亲编织衣物吧，如果你不
愿意，那就快找个好人家结婚吧！在你丈夫面前恪尽妻子的
责任，共同欢度生命的愉悦！'"

弗洛伦斯的信仰确实与众不同，她喜爱天主教入世的服
务精神，她是一个彻底的实践家。从下面这段趣闻中，我们
可以得到相关的证实。

弗洛伦斯的文笔优美流畅，很多人都认为她能够成为一
流的文学家。

"你为什么不写文章？"有一天，一个朋友问弗洛伦斯。

"写不出一流作品，还不如不写。"

"但大家都认为你能够写出一流的文章，如果你不写，不是太可惜了吗？"

"我认为生活和写作具有同等的意义，所以我选择力行的生活来代替写作。"

她从来没有夸口说要成为一个文学家，只是默默地耕耘，希望汇集满腔的热忱，不断充实生命的意义，以完成伟大的理想。

1844 年，著名的美国慈善家塞缪尔·格里德利·豪博士来到恩珀蕾，客居弗洛伦斯的家中。

豪博士以从事慈善事业而扬名海内外，夫人是有名的妇女参政权论者，很有文学修养。

有一天，弗洛伦斯偷偷地把豪博士请到房间里来。

弗洛伦斯非常郑重地向豪博士请教："如果我决心去学习护理，献身于护理事业，您会不会觉得这是不可理喻的行为？"

豪博士对她突然提出的问题感到惊讶，但仍然很镇静地说："我不认为这是可怕或错误的想法，反而认为这是难得的伟大理想！"

弗洛伦斯听到这句话，如释重负似的，心情豁然开朗起来，她一向低垂而忧郁的眼睛立刻显得明亮，并充满了喜悦。

为什么她如此热切地希望成为护士呢？

在世界上有一些人，他们内心种着理想的种子，这颗种子在不知不觉中得到滋润或培育，然后开始萌芽，随着年龄的成长，他们的理想也根深蒂固，进而左右其一生的情感与希望。

这只能说是神的旨意，或者是本性良知与良能的自觉。不过，这两者的界限实在难以划分清楚。综观古往今来的伟大人物，他们的生命中都有一种特殊的情感。这种感情在不知不觉中成长茁壮，成为庇护世人的浓荫大树，不断地给予爱的滋润和灌溉使枝叶繁茂翁郁，这便是伟人们生活的历程与生命的意义。

弗洛伦斯就是一个很好的例子，她是自愿承担重任的人，自从她懂事以后，一种自然的本能不停地呼唤、引导她走进疾病和痛苦的人群里。

与母亲沟通

"妈妈，我有件事想对您说。"

由于豪博士的话，弗洛伦斯在精神上得到很大的鼓舞，有一个晚上，她鼓起勇气打算与母亲沟通。

"我想暂时离开家里，应该不会超过四个月吧。"

母亲坐在摆着油灯的小桌子旁边的扶椅上，用迷惑的目光望着弗洛伦斯。

弗洛伦斯慢慢地在母亲对面坐下。

"我想到索尔兹伯里医院学护理，妈妈，请你答应我吧！"

母亲大吃一惊，脸色苍白，双唇微微颤抖着，她诧异地看着弗洛伦斯。

但弗洛伦斯依然一本正经、认真而热切地望着母亲，虽然她明知母亲难以相信自己的话，而且十有八九会强烈地反对，但话已经说出口，她就必须把话说完。"我一直想征求您的意见，但始终找不到机会。从小我就梦想当一名护士，陪伴在病人的旁边，照顾他们，减轻他们的痛苦。除了和病人在一起之外，我无法感觉到自己的存在。妈妈，如果您希望我得到快乐，就请您答应我的要求，因为只有这样才可能使我得到真正的快乐和幸福！"

弗洛伦斯起身走到母亲面前跪下，十指合拢，放在母亲的膝上，像祷告般虔诚地祈求，她用充满泪水的灰色眼睛望着母亲。

母亲愕然无力地坐着，不知如何回答，她握住那双放在她膝上求助的手，用发抖的声音说："弗洛伦斯……弗洛伦斯，你究竟在说些什么？你心中到底在想些什么？……我的弗洛伦斯……南丁格尔家的千金小姐，怎么会想去看护病人？你难道有什么不满意的？为了你的幸福，我愿意付出任何代价，无论你要我做什么，只要能使你快乐……幸福……我都愿意……"

母亲已然泪流满面，但她强忍着悲痛，拿出手帕轻拭着弗洛伦斯眼中的泪水。

"你一定要振作起来！是不是我们使你感觉到不快乐？"

"妈妈，我心里明白你们都很爱我，都希望我幸福快乐，只是我们的想法差异太大了！你们给我最好的，希望我快乐，我感到由衷的喜悦，但我却无法承受。我想工作，想离开家庭的庇护，想找一份有益于人类的事业来肯定我生命的价值。"

"你要去工作？要离开家？……你是南丁格尔家的一分子，是有身份、有地位，受过高等教育的名门闺秀，现在却要离家到外面去工作，这简直是无理取闹！如果让你爸爸或姐姐知道了，他们会伤心的。如果外人知道了，他们会取笑你的。"

这件事会引起什么样的后果，或别人心中会有什么样的想法，弗洛伦斯比谁都清楚。

在她所处的时代里，女孩子外出工作会被人看不起，无论你的理由多么神圣、多么崇高，凡是到社会上工作的女性就不会被人尊敬。

那时候，富贵名门的淑女必须天天过着奢侈、豪华、悠闲、快乐的生活，否则她那高贵的灵魂、高雅的气质和娇嫩洁白的玉手，就培养不出来了。

弗洛伦斯却不以为然："可是，妈妈！南丁格尔家的女儿为别人工作，贡献自己的才能，有什么不好呢？我出生于有名望有财富的家庭，受过良好的教育，我更应该利用这些优厚的条件，来完成远大的抱负，将我所拥有的完全贡献给社会，这样才不辜负上天的赐予……"

"弗洛伦斯，我求求你……请你不要再说了！像你这么聪明伶俐、人人称赞的好女孩，怎么会有这种奇怪的想法？如果你想帮助别人，也不一定要离开家到外面去工作，你可以选择适合我们身份和地位的方法，例如慈善捐献或博爱救济等，同样可以达到救助贫苦的目的呀！一定要去做丢人现眼的事，让别人嘲笑，让父母和亲人蒙羞吗？这种损人不利己的事情你真想去做？"

母亲的话代表的正是当时社会上的传统观念，所有的亲戚朋友都不愿意违反世俗，她的父母和姐姐也不例外。

然而家人陈腐冥顽的思想，正是弗洛伦斯不幸的根源。

"你不要再说了，快点打起精神，抛弃这些污秽的想法！"母亲从悲痛中恢复平静，她慈祥地轻拍着弗洛伦斯那双娇嫩的小手。"医院的事绝不是你想象的那么简单、轻松，也绝不是像你这样尊贵的女孩子能胜任的！护士除了要照顾病患、料理死者，还要协助医生做血淋淋、令人害怕的手术，更要不眠不休地看护终夜痛苦呻吟的病人以及收拾污秽、肮脏的东西。任何一个受过高等教育的人，都不可能忍受这种折磨！只有天生残障的女孩子才会去从事这种卑贱的工作，因为她们根本没有人性，不懂得什么是情感。弗洛伦斯，这不是像你这样金枝玉叶的小姐能做的事呀！"

"妈妈，我不同意您的看法，一个人明明知道有人奄奄一息，或正在进行大手术，甚至终夜呻吟求助，却置之不理，不设法营救他们，减轻他们的痛苦……我认为这是麻木不仁！"

"弗洛伦斯，话虽如此，但你要仔细地想想，你可曾见过像你这样的人去当护士？从来没有一个护士像我们家的女儿这样高贵而有才华。"

这是不容否认的事实，在当时的行业中，护士被视为最卑贱、最污秽的工作。

除了天主教会中遵循教义从事医护工作的修女外，没有一个护士具有热切的心肠和仁慈的胸怀，她们全都是年老体衰、行动迟缓，或者残障不全、酗酒成性、酒精中毒、萎靡不振的人。

在人们心中，从事护士工作的都是卑贱、贫苦的老妇人。她们没有受过教育，衣着随便，半白的头发杂乱不堪，做事马马虎虎、举止粗鲁，人格卑贱，当了护士以后，更是不做一件正经事。即使是最简单的医疗工作，也不能放心地交给她们去做，因为她们不但不能减轻病人的痛苦，反而会加速病人的死亡。

不过除了这种人，再也找不到愿意从事这项职业的人了，所以凡是生病住院的人，无论贫富贵贱，都得忍受她们粗暴的行为、恶劣的态度，同时承受病痛的摧残，因此人人畏惧病苦，视疾病为空前的大灾难。

身为护士却不知道护士的职责与意义，这种荒谬绝伦、令人难以置信的事，确实是一百多年前医护界的写照。

弗洛伦斯对这些情形非常了解，她更感受到无法推卸的重担，她也知道这样做得不到家人的谅解，所以迟迟不敢开口，但萦绕在她心中的愿望却丝毫没有改变。

"妈妈……请您原谅我！正因为她们的无知威胁着患者的性命，所以我更应该积极地去拯救那些可怜的病人！"

"病人确实值得同情，可是只要我们小心留意身体，就不会受到病魔的侵害。"

"妈妈，您想想，我们是很健康快乐，但仍然有许多不幸的人们在死亡边缘挣扎！"

"你不要钻牛角尖……生老病死都是神的旨意，我们的力量改变不了，你不要想太多了……已经11点了，快去睡吧，太晚睡觉对身体不好！"

"妈妈，我求求您！您仔细想想，现在有痛苦呻吟、奄奄一息的病人，他们得不到任何亲切的安慰，也没有人为他们逐渐冰冷的手脚按摩，他们就那样孤寂无助地死去……但我却清楚地听到他们在呼唤我，这个声音没有一刻停止过，而我却始终驻足不前，我内心的不安与愧疚永远无法平息。妈妈，求求您让我去吧！他们需要我……"

母亲极力稳定内心激荡的情绪，但仍无法压抑惊骇的神色和抖动的双膝，她握住弗洛伦斯的手说："弗洛伦斯……你一定是病了，你要坚强一点……我去叫人送橘子酒来，让你暖和一下身体，早点睡觉，明天一定会好的，可怜的弗洛伦斯！为了你的幸福，我愿意付出任何代价……神呀！求你保佑我的弗洛伦斯！"

接着，母亲托住弗洛伦斯的脸，轻轻地在她额上吻了一下。弗洛伦斯低着头，无力再辩解，也无法再向母亲倾诉任何想法。因为她的心愿得不到丝毫的赞许或怜悯，只能增加母亲的痛苦与烦恼。

煎熬与悲痛

"我就像一堆垃圾、一堆没有用的废物、一个毫无生存价值的死尸！我怀疑生命的意义……主啊！如果我能回到您的身边，或您降临人世，我一定会祈求您把我带离这个充满浮华、虚伪的生活环境！"由于母亲极力地反对，弗洛伦斯的抱负无法实现，在她感到伤心绝望的时候，她向她的表哥倾诉内心的愁苦。

不平凡的人通常情绪起伏都比较激烈，这是理想与现实相冲突产生的必然现象。

弗洛伦斯也具有这种特点，她脾气倔强，情绪容易激动，在她的一生中，喜怒哀乐的表达都非常明显。

一般人常因绝望而心碎，或因无法寻求的梦想感到厌倦而轻言放弃，不断寻求退而求其次的途径，但弗洛伦斯不一样。

弗洛伦斯写下一则日记：

我苟且地活下去，却越觉得我的思想集中在一个点上，它坚定地引导我的灵魂，即使今生今世我无法完成这个心愿，在另一个世界里，我仍会继续努力实现我的理想，那是我内心渴望的天国，也是唯一能够接受、容纳我的家。如果神能助我达成愿望，我甘心付出任何代价，即使是离开我最亲爱的父母、亲朋好友，永无相见之日，我也愿意。

可怜的弗洛伦斯在这种难以忍受的双重压力下，又过了一年，她内心所受的煎熬与悲痛无法言喻。但表面上，她依然笑容满面，是人们心目中高贵而快乐的才女。谁又能知道在那些漫长无奈的日子里，只有阅读医学调查会报、医疗常识手册、医院及孤儿院简介，或探望贫苦的乡民，照顾贫穷的病患时，她才能得到一丝安慰与真正的快乐。

弗洛伦斯一边阅览各种医学报道，一边注意观察可以学习护理知识的医疗机构，她发觉服务比较完善并且绩效表现比较良好的只有天主教会中的修女；尤其以巴黎天主教会所组织的姐妹会最为优秀，但是弗洛伦斯不是天主教徒，因此无法加入这个组织。宗教问题的确是一件麻烦的事。

当时在德国凯撒沃兹有一个慈善组织，在弗利德纳牧师的主持下，以专门培养护士而闻名世界。

调查结果显示，这是一个由新教会牧师所领导的团体，因此在宗教信仰上，将不会受到阻拦，并且这也是全世界独一无二、专门培养优良护士的组织，因此弗洛伦斯希望能够前往参加受训。

不过因为长期的忧郁，弗洛伦斯的健康渐渐受到了影响。

1847年秋天，家人决定把她送往罗马过冬，大家都认为长途旅行能够使她心情开朗，或许也能够把她从坚定而怪异的思想中拯救出来。

这次与弗洛伦斯同行的，是她最亲密的朋友——布雷斯布里奇夫妇。

11月8日抵达罗马后，他们到处参观著名的教堂、博物馆以及古老建筑物的遗迹，也抄录碑文、采集稀有的植物标本，并调查当地的慈善事业。一连串的活动直到第二年3月底才结束，弗洛伦斯也告别了古都罗马。

对弗洛伦斯而言，在这次罗马之旅中，认识英国人希德尼·赫伯特是她一生中最重要的转折点。

赫伯特之前在内阁中担任军务大臣，后因内阁总理辞职而下野，这段时间，他因新婚来欧洲度假，所以弗洛伦斯才有机会经由布雷斯布里奇夫妇的介绍与他认识。

凑巧的机缘，使他们结成要好的游伴。他们经常一起参加各种社交活动或骑马出游。短暂的相处使赫伯特发现弗洛伦斯是一位气质高雅、才气非凡的女子，这给他留下了深刻的印象。同样，他们之间的交往对弗洛伦斯也产生了很深的影响。

1848年初夏，弗洛伦斯回到伦敦，这次旅行的效果与她父母的预想完全相反，她厌恶上流社会中交际应酬的情绪比以往更甚。

"伦敦经常举行各种慈善舞会、音乐会及义卖活动，大家似乎都借着这种假面具的生活来蒙蔽自己。……英国是一个贫富悬殊的国家，拥有万贯家财的人生活奢侈浮华，但贫苦的人家就只能像街头的乞丐一样……"这是弗洛伦斯写给巴黎一位上流社会朋友的信。这位朋友曾介绍弗洛伦斯进入巴黎上流社交团体。

从信中可以看出，弗洛伦斯依然终日闷闷不乐，她于1849年再度出游。

"希望这一次能够使弗洛伦斯有所改变。"全家人虔诚地祈求上帝赐福给她。

这次旅行仍然由布雷斯布里奇夫妇陪同，目的地是埃及和希腊，回程中在德国做短暂的停留，顺道参观弗洛伦斯日夜神往的凯撒沃兹。

当他们在希腊首都雅典街头散步时，弗洛伦斯看见一群孩子在玩弄一只小猫头鹰，她买下这只可怜的小动物，带回家饲养。

1850年8月20日他们回到英国。弗洛伦斯对任何事物都能观察入微，每一次旅行她都满载而归，这一次也不例外。旅游使人增广见闻，弗洛伦斯无论是学识或品格修养都已不再是一只笼中鸟了。现在如果让她处于重要场合或面对重要人物，她都能应对自如，比以前更成熟。

但是大家的期盼依然落空了，随着生理与心理的成长，弗洛伦斯的抱负和信念越来越坚定。

在回国之后的这段时间里，她因无聊曾私下以写作来宣泄心中的郁闷，但这些文章从没有公开发表过，也没有给人看过。

妈妈，您说我有才华，能言善辩，又擅长写作，因此您以为我会一辈子守在您身边，但您却没有察觉我内心的渴望，我必须到外界去寻求我的梦想。您一定要把我当成一个男孩，您可能希望我和一般的少女一样成为别人的妻子，但是您应当知道我和别的女孩子不一样，我有更多的追求，而且永远无法满足！您就把我当作是一个男孩或已经出嫁的女儿吧，只有这样您才能安心地让我离去。

舍弃婚姻

弗洛伦斯在日记上写道：

成为一个女作家，成为一个贵妇人，或成为一个终身奉献的护士，这是展现在我面前的三条路。

弗洛伦斯在 90 年又 3 个月的漫长生命中，放弃了儿女私情，将全部精力贡献给呻吟的病人。她无视华丽铺张的结婚典礼，也不盼望雍容华贵的贵妇身份。

她的生命中何尝没有一丝感情的涟漪？有一位卓越的青年诚挚而热切追求她，但她却撇开了个人的幸福，毅然地告诉自己：

认真读书的弗洛伦斯（作者不详）

我具有女子柔弱的天性，也具有满怀的热情，我和别人一样希望得到幸福，这些他都能够给我。但是我也具有慈爱和从业的热忱，这些同样必须得到满足，如果与他共同生活，这些心愿势必无法达成。

有时候我也希望抛开梦想去追寻爱情，有时候也希望我们俩共同实现更大的理想，得到更大的满足，但是婚后我除了要料理家务，还要与他同时出入各种社交场合，这样的生活绝对无法协助我达成理想。

我必须舍弃婚姻，婚姻只不过是我目前这种痛苦的延长，说不定到时候感受到的沮丧会更深沉、更难以忍受。而且，我必须遵守婚姻的誓言，多了一层束缚就得放弃某些自由，恐怕会因此失去实现理想的机会，这不是等于作茧自缚吗？

弗洛伦斯了解自己，所以选择了自己想要走的路。因此，如果有一位和她一样以服务人群为理想，又有学识修养，而且深爱她的青年，她必定会毫不犹豫地答应嫁给他，共同创造理想的生活。这才是弗洛伦斯认为完美无缺的婚姻。

弗洛伦斯是否有机会实现她的理想，仍是茫然不可知。自从她表达愿望以来又过了五年，虽然她的心意如金石般坚定不移，但家人的反对却没有丝毫的放松。

弗洛伦斯仍旧喜欢记日记，把自己的愁苦宣泄在字里行间。

每天睁开眼后，第一个进入我脑中的便是我今天该如何度过？我今天该做什么？说什么话？这种茫茫然的日子真是比死还痛苦！死神啊！我绝不是眷恋死后的天国，只要您肯把我安顿在医护学校，我就心满意足了！我不会再要求任何赐予，我只希望从工作中寻求快乐，拯救自己的灵魂！

没有人了解她，更没有人赞同她，她的家人一直无法接受她的观念，她感到无比痛苦。而且，她的所作所为始终困扰着家人，她只有沮丧地把自己埋藏在痛苦的深渊中。

> 在漫长的 20 多个寒暑中，只有旅游罗马和在德国凯撒沃兹的短短两个星期才使我感到真正的幸福和快乐，但我的不幸是微不足道的，使别人伤心是我最无法忍受的痛苦……天啊！隐藏在我内心的悲哀，几乎要使我崩溃了！

她的每一篇日记，字字都充满忧愁与苦闷。这些痛苦来自于对当时上流社会的奢靡浮华、毫无意义的生活的强烈厌恶，以及对理想的追逐无果。

独立生活

1851 年春天，发生了一件让弗洛伦斯高兴不已的事情，那就是母亲和姐姐要到波西米亚度假，弗洛伦斯同行。当母亲与姐姐到达波西米亚后，她费尽口舌才得到母亲的应允，前往德国凯撒沃兹学习护理。

这并不表示她的梦想已得到赞同或有实现的希望，只是母亲不忍见心爱的女儿终日愁眉苦脸。她可以和亲戚朋友们说弗洛伦斯与她们留居在波西米亚温泉，因此才答应弗洛伦斯暂时去护理学校学习。

谣言是可怕的，她母亲不希望弗洛伦斯成为别人饭后消遣的话题，更不希望南丁格尔家成为别人的笑柄，因此预防谣言成了弗洛伦斯他们一家人的重要工作。

当时在慈善事业中，被誉为世界第一把交椅、专门培养护士的是凯撒沃兹的弗利德纳牧师，他把慈善事业当作他生命的全部，并且在护理方面很具权威，而今他是弗洛伦斯的医护指导。

当时，医护工作是受人轻视的工作，任何一个追求名利的人都不愿意从事这一行业，只有具备服务和牺牲精神的人才愿意挑起这样的重担。

除了掌握简单的医疗工作外，还要协助血淋淋的大手术，甚至要料理死人，从事这项工作必须要有充分的心理准备以及勇敢、仁慈的天性。这是与人类的生命息息相关的工作，所以还要具备丰富的学识和经验。这是一件多么艰难的重任！

自我牺牲的精神、遇事不退缩的勇气和应变能力以及正确无误的技术，这是弗利德纳牧师培育护士的基本要求，他认为无法实行这三点训示的人就不配称为一个好护士，因此凯撒沃兹学校专门吸收意志坚强和服务热心的女子。

弗洛伦斯是第 112 位学生，她看见每一位前辈都以合理有效的方法处理事情，到处洋溢着祥和、神圣的气氛，对这种新的尝试，她感到既新鲜又兴奋！

　　她是第二次来到这里，心情和以前不一样。第一次来凯撒沃兹时，她只是一个普通的观光客，现在她却是这里的一分子，与100多名姐妹一起生活、一起学习，同时接受为期三个月的护理培训。

　　这里是弗洛伦斯医学知识启蒙的地方，她感到非常快乐。弗洛伦斯很快就发现，在这里学到的并不仅仅是非常丰富的医学知识，最重要的是她对护理工作有了实际的体验、了解工作的性质，以及初步的医护概念和各种疾病的处理，她发现，她的抱负不是空想。这一点可以从她写给母亲的信中看出来：

　　　　如果我能得到您的同情和允许，那么我将是世界上最幸福、最快乐的女孩，否则我在这里的一切幸福将化为乌有！亲爱的家人……我决不忍心伤害你们，你们如此为我付出，我还渴求什么呢？母亲，我现在所要求的，就是您的祝福……求您答应我到外面工作吧。

　　　　请您对我说：去满足你内心的渴望，遵循你灵魂的追求吧！

　　　　我最敬爱的人，我向您保证，我的灵魂决不会将你们带入痛苦和不幸的深渊。

　　这时弗洛伦斯已经32岁，虽然她的前途依旧迷茫，但周围的人们已开始改变对她的看法。

玛依姑妈和舅舅是最先同情弗洛伦斯的人，他们经常在母亲面前为弗洛伦斯说情。

父亲的思想也比较开明。"弗洛伦斯的决定不是一时的冲动，而是经过深思熟虑的。"接着他又说，"她的确有才华，凡事都能做到完美无缺；况且她也到了可以独立的年龄，就顺从她的心愿，让她到外面去吧！我们可以每个月供给她一定的生活费，如果她想有一番作为，我们也可以替她筹备一笔资金……"

纵然有很多人帮弗洛伦斯说话，但她的母亲和姐姐依然坚持反对，弗洛伦斯的希望还是十分渺茫。

在一次偶然的机会中，弗洛伦斯接受了伦敦一家疗养院的督查工作，因此，她搬到疗养院哈雷街的宿舍居住。

虽然这与她的理想相差很远，但为了离开家庭，她也只好勉强接受这份工作，她不愿意放弃任何一个可以使自己独立的机会。

对于弗洛伦斯的抉择，母亲和姐姐仍然站在反对的立场。但在无可奈何的情况下，母亲也只好勉强答应让弗洛伦斯担任这项工作。她认为让弗洛伦斯去外面工作，实际体验生活的艰苦后，她就会怀念家庭的温暖、舒适的生活，最后心甘情愿地回到家中，从而放弃以往幼稚、荒谬的想法。

这件事对母亲而言，确实是很大的打击，但弗洛伦斯终于能够独立了，并且父亲每年还寄给她 500 英镑的生活费。

战争中的天使

克里米亚战争

1853 年，弗洛伦斯在伦敦哈雷街的疗养院中担任督查工作。

这年的 10 月，俄国向土耳其发动战争。

第二年 3 月，法国（拿破仑三世时代）和英国组织的联军开往克里米亚，协助土耳其对抗俄国。

站在英、法的立场来看，土耳其万一失败，俄国的力量势必延伸到欧洲。

这次战争的主要战场在俄国黑海克里米亚半岛，这就是历史上著名的克里米亚战争。

9 月 21 日阿尔玛的首次激战，英、法虽获全胜，但伤亡惨重，而且军队中正蔓延流行病，连法军总指挥官圣多亚尔诺也因霍乱死亡。

这时候，伦敦《泰晤士报》的特派记者威廉·霍华德·拉塞尔在战地非常活跃。10 月 9 日，《泰晤士报》以大篇幅详细地报道远征军医疗设备的真实状况，这是一个令人震惊而难以置信的消息。

克里米亚战争一角

　　拉塞尔在报道中指出，英国政府似乎天真地认为这是一场不会流血或死亡的战争，因此没有准备任何为伤兵服务的医疗设备。直到阿尔玛激战之后，才在斯库塔里向土耳其借了一栋年久失修、大而简陋的建筑物，当作临时医院。因为事先没有经过整理，这栋建筑物不仅外表破旧，内部也凌乱不堪，加上全无医疗设备，所以受伤和生病的士兵根本无法得到有效的治疗，这使得一些本来可以救治的伤员丧失了宝贵的生命。

　　在阿尔玛大战旗开得胜之后，英国政府正扬扬得意，如今拉塞尔的报道无疑是在他们头上浇了一盆冷水。这种报道会是事实吗？

　　12日，拉塞尔的第二篇报道被刊登在报纸上，这是一篇很长又很详细的战地报道，有一部分是这样的：

我相信前线战士由于没有健全的医疗设备，以致无法得到完善治疗而惨痛死亡的消息传到后方，必定会引起一阵骚动，或令人无法相信。但这却是事实，不仅医护人员不足，就连包扎伤口的绷带也奇缺无比，我真不知该如何表达内心的愤怒！那些不忍目睹这种惨状的百姓们纷纷捐出旧衣服和床单代替绷带使用……

接着，第三篇报道又来了：

几天以来令人悲痛的景象使我对祖国军队医疗设备的贫乏感到悲愤与震惊！受伤和生病的士兵根本没有被当作人看待，他们独自呻吟，却没有人照顾他们。法国军队的情况就比较好，他们不论是医疗技术或设备都很完善，又有足够的外科医生，以及五十多位受过严格训练，具有服务、牺牲精神的姐妹会会员来此协助医疗工作……

19世纪的英国制度中明确规定，妻子有权随丈夫出征，下面这封追随丈夫远征的士官夫人的信也曾引起社会人士的注意：

这是多么悲惨的事！如果你也能目睹这些可怕的

景象，相信你会和我一样悲恸欲绝。站在简陋而宽敞的临时医院里，却仍然可以看到外面街道上到处凌乱地横躺着受伤和生病的士兵。他们与我虽仅咫尺之隔，但我已无法再腾出分寸的空位容纳他们。眼看着这种惨状，我却爱莫能助，只有尽量不去想他们，以求片刻的安宁。因为我和另一位士官夫人都不懂医疗知识，我们唯一能做的就是做饭。这里太需要护士了，但却一位也没有。法军里的五十多位护士每天要做的事是多么繁重，你应该可以想象得到……

　　除此之外，士兵们寄回的家书中，也以相同的心情描述了战场的悲惨和医疗设备的缺乏。一再传来的消息使英国全体人民悲愤不已，他们严厉谴责政府，并深切同情战场上的同胞。

　　为什么会发生这种事情？为什么一个国家的陆军医疗设备会简陋到这种地步呢？很明显，四十多年来的和平岁月，使他们太松散，从而忽略了许多重要的事情。更可笑的是，陆军部对战区的医务实况却毫不知情，调查结果也不知错在何处，这一切该由谁来负责？

　　14日，《泰晤士报》上出现了下面的号召：

　　　　为了斯库塔里的士兵，举国上下的妇女中，难道没有一位具有服务、牺牲、仁慈的心肠吗？在大家的期盼下，难道没有一个人愿意挺身而出，去做有意义的事吗？五十多位法国特派修女团体正在垂死和受伤的士兵身旁为他们服务，给他们鼓励和安慰。为什么英国妇女在献身救护的工作上要输给法国人呢？难道我们没有"仁慈的姐妹"吗？我相信，只要有一个健全的组织，身体健康、心地善良的英国妇女必定会踊跃地加入救护行列。

22日，《泰晤士报》社论也发表了一篇《不要遗弃远征同胞》的文章呼吁全国人民。

这次报道引起人们热烈的反响，为了拯救远方战士及慰问他们的辛劳，各地纷纷举办捐款活动，一天之内竟收到高达2000英镑的善款。

钱固然重要，但钱也不是万能的！

"难道我们没有'仁慈的姐妹'吗？"这才是关键所在，因此组织医护姐妹团的事也受到众人的注目与热烈的支持。

难得的机会

为了派遣护士到斯库塔里医院，哈雷街的监督办公室顿时忙碌不堪。

经过《泰晤士报》的宣传报道后，人们的热情与日俱增。

在这种情况下，弗洛伦斯到底怎么想呢？

伤员兵士求救的呻吟声，时时都在弗洛伦斯的耳边萦绕。

机会来了！

34 年漫长的岁月，她所做的一点一滴，似乎都是为了等待今天的来临，只要她认为该做的，她从不犹豫。

这时，就任军务大臣的是希德尼·赫伯特先生，也就是弗洛伦斯第二次旅行时在罗马认识的朋友。

10 月 14 日，弗洛伦斯写信给赫伯特夫人：

亲爱的赫伯特夫人：

今天早上我到府上拜访您，但因事前不曾与您取得联络，以致拜访未果。

我现任医疗督查的工作，关于组织自愿医护队前往斯库塔里的计划，希望能与您的先生做一次详谈。

玛莉亚·弗里斯达夫人非常热心于社会公益事业，她捐了 200 英镑作为三位护士的费用，因此吃、住以及一切费用，我们都可以自己供给，绝不会增加政府的负担。

虽然我不完全相信《泰晤士报》的报道，但我确信我们将对那些可怜的伤员兵士有所帮助。

不知赫伯特先生有什么意见？官方是否会反对？如果方便，希望赫伯特先生能给我一封推荐函，这将是我无上的荣幸！

至于医院所需的用品，应当注意些什么？请赫伯特先生不吝赐教！我曾问过陆军医疗总督史密斯博士，他说无须任何物品，但为慎重起见，还是再次请教您的高见。

　　我们预计在 17 号，也就是星期二出发，大约 21 日可抵达君士坦丁堡，当天再换船前往目的地。

　　舅舅已经替我去恩珀蕾请求双亲了！

　　此外还要得到陆军大臣纽卡司特的许可，我是否要写呈请书呢？

　　　　　　　　您的好友 F. 南丁格尔敬上

　　附：这不是公开的信，请您当私函处理。

　　这一天是星期六，当弗洛伦斯把信投入哈雷街的邮筒时，赫伯特夫妻正在前往布鲁伦蒙斯的路上，他们一早就出门，准备到郊外度周末，所以没有收到弗洛伦斯的信。但是 15 号那天，赫伯特却在平静的别墅中写了一封信给弗洛伦斯。

　　亲爱的弗洛伦斯·南丁格尔小姐：

　　关于斯库塔里医院的情形，你应该已从报纸上得到了很详细的消息。根据报道说，那里的医师和医疗物资都非常缺乏，那只是一时补充不足造成的，现在所有必需品都足够了。

　　除了加派两倍以上的医生前往外，已经送了好几吨的医用物品到前线去了。所以，现在唯一欠缺的就是护士，你也知道，战场上一向都是选用男性医护人员，因此没有女护士。

如果护士们必须随着军队到处流动的话，确实很麻烦。如今斯库塔里有医院的设备，医疗人员不必到处迁移，我们才决定派遣女性前往从事护理工作。

毕竟，男性医护人员手脚比较粗笨，经验不足，在真正急用时，反而派不上用场，改用女性护理人员，确实有必要。

现在，我身边已有一大堆的请愿书，但这些贵夫人连医院在哪里都不知道，更谈不上医护知识或了解工作性质了！这些人派到前线去，除了增加麻烦外，绝不可能有任何帮助。

再者，战地严格规定，护士除了要遵守一切纪律，还要绝对服从医生的命令，这些恐怕也不是她们能办得到的。

现任医疗总督史密斯博士手下的玛莉亚·弗里斯达夫人曾要求我让她亲赴前线，或挑选她苦心训练的护士前往。

伯明翰医院的前任牧师休姆也要求以神仆的身份带领两个女儿和12名护士前往战地医院。休姆曾在军队中服务7年，对军队医疗情形非常熟悉，而且为人正直、心地善良，又有一颗虔诚的心和服务的精神。

从这些热忱的来信中可以看出，组织护士队所需人员已不成问题，但要从中精挑细选，确定她们的才能和牺牲精神以及团队精神，组成一支优秀队伍，并不是一件简单的事，休姆也和我讨论过这件事。

玛莉亚·弗里斯达夫人并未事先调查自愿远征的护士资质，对于表现卓越、训练有素的护士，她也不能完全掌握，至于统领一支队伍，恐怕她也力有不足。

据我所知，具有组织才能，并能够督导指挥护士群，圆满达成任务的，全英国只有一人。

我相信，组织远征护士队的难处，你比谁都了解。在一个烦琐、杂乱的战地医院工作，必须具备丰富的知识、强烈的同情心，只有身体强健、勇气十足的女性才能胜任。这种人选很难找到，更何况还需具有管理、组织和指挥能力的领导人才呢？

领导者工作的能力直接影响整支队伍的行政效率，万一选择不当，不但会造成严重损失，也将贻笑世人，且无助于战地救护。

我写这封信的目的，你应该明白，因为只有你才能够挑起这个重任，希望你详细安排一切，接受这个任务。

如果你愿意承担重责，那么所有远征的姐妹都由你全权管理。

至于医务局方面，必定会尽量配合你，和你合作，这是毋庸置疑的。你也有权向官方申请任何物质支持，或提出医务报告和要求。诸如这些小节，无法在信中一一说明，只好等见面时再详谈，无论你的决定如何，我都希望你能全力支持我。

我决不为难或勉强你，但有一件事你必须了解，那就是这个计划的成败完全取决于你的决定。

你的人格、气质、学识、社会经验以及身份地位都非常适合这个职位，想再找出第二位像你这样的人，恐怕很难。

无论如何，对于伤员士兵的医疗服务工作，我们必须全力以赴。这不仅可以拯救无数受苦受难的战士，同时也能扫除英国长久以来的社会偏见，为公益事业铺下一条坦途，相信从此以后许多服务事业都会随之兴起。

我对你的决定，不敢抱着过于乐观的态度，但如果你愿意，布雷斯布里奇夫妇将与你同行。丽莎（赫伯特夫人）正提笔写信，把这件事告诉布雷斯布里奇夫人。

明天上午我会回到伦敦，我希望在下午3点至5点这段时间与你会谈，请你主动和陆军部联络。

除了你本身的问题以外，不知你父母意见如何？

现在，我站在国家的立场，代表全体国民向你请求，我衷心期盼你的双亲能慎重考虑，以国事为重。

并虔诚祝福你。

你的好友

希德尼·赫伯特敬上

这确实是一封真诚而感人的信，在人类历史上，很难找到一位如此谦诚、尽责的大臣，肯执笔向一位女性做出请求。然而有资格接受国家大臣如此礼遇的女性，也实在不多。

赫伯特虽是一位军务大臣，但他的职责只是掌管陆军财务，对于派遣的工作，应当是陆军大臣纽卡司特的事。但因为国家处于战争期，军务十分忙碌，所以这件工作才委交赫伯特全权代理。

如果赫伯特不认识弗洛伦斯，想必他也没有勇气接受这项重大的责任，虽然他交友很广，其中也不乏知名度很高的人物，但能够为国献身，具有特殊才能的人并不多。赫伯特和弗洛伦斯之间的合作，形成了一股力量，不断地为社会贡献自己的才能，这也是他们的友谊能够历久弥坚的原因。

这次的书信来往，使双方都吐露了自己的意愿，同时得到了满意的答案。正当弗洛伦斯在哈雷街的宿舍中展信细读时，赫伯特也满意地对着弗洛伦斯的来信露出喜悦的笑容，双方似乎存在着一种默契。

准备前往战场

10月16日，弗洛伦斯拜见赫伯特，并进行了一次很愉快的谈话。3天之后，派令及详细的指示便正式下达。

除了布雷斯布里奇夫妇同行外，还多了一位坚强的随行者，那就是《泰晤士报》的记者马可。

马可负责把《泰晤士报》所募得的善款送往前线慰劳战士。一次偶然的机会，他结识了弗洛伦斯，因此结伴同行，并答应互相合作。

一向站在反对立场的母亲知道这是国家大事，弗洛伦斯受全国人民之托，担负重要任务，因此也不再固执己见。姐姐更是一反常态，高兴地把这个消息写信告诉朋友：

> 每一个细节的巧妙结合使弗洛伦斯成为这次医护工作中最适当的人选，真叫人万分诧异！好像弗洛伦斯来到这个世界，只为了等候这个日子的来临。过去她所做的每一件事，现在都产生了效果，发挥了最大的功用，一点也没有白费。多年来，弗洛伦斯所做的

各种调查，深入研究并搜集资料的工作——对天主教服务精神的喜爱、到凯撒沃兹做的内部调查，以及与各阶层人士交往所学到的通情达理、应对自如的高雅风范，如今都成为她最宝贵的财富。

　　姐姐和母亲过去始终站在同一阵线，坚持反对弗洛伦斯，认为她是一个不可理喻的怪人，但是现在弗洛伦斯的每一句话却变得非常动听。

　　"神的召唤！"大家都相信这是神的召唤！

　　10 月 21 日，也就是和赫伯特谈话后的第五天，弗洛伦斯离开了伦敦，在短短的四天中，除了整理行装，处理琐碎的事情外，最使她头痛的就是赫伯特一再强调的关于挑选护士的工作，她想尽办法，征集护士。

　　她征集的是对病人有爱心、有服务精神、能忍受战地医院的艰苦工作、有承担责任的勇气、有夜以继日不眠不休的牺牲精神和强健体力，并且具备丰富的医疗常识，且到克里米亚之后没有后顾之忧的女性。

　　虽然人才难寻，但这一次工作的成败得失完全取决于医护人员素质的高低，所以选择的标准绝对不可轻易放宽。

　　更何况如赫伯特所说，这件事的意义不仅是挽救伤兵性命，也是对妇女才能的重大考验。从大的方面来说，这更是一项对国家、对社会公益有深刻的影响，只许成功不许失败的计划。

在当时保守的英国民风中，国家授予大权和重责给一位女子，派遣她前往战场，不能不说是一项重大的决定和改变。

弗洛伦斯挑选了 38 位合适的人。这在当时，都算得上是不可多得的医护人才。

在全国人民热情的欢送下，一个富有历史意义的时刻降临了。弗洛伦斯由布雷斯布里奇夫妇陪同，率领着 38 名护士以及牧师等一行人，于 10 月 21 日离开伦敦。

一切进行得非常顺利，不仅是弗洛伦斯忙得不可开交，她周围的每一个人也都跟着她忙碌不堪。就因为这样，弗洛伦斯在旅途中带回来的小猫头鹰竟被大家遗忘而饿死了，这件事让弗洛伦斯伤心得掉下了眼泪。

"弗洛伦斯·南丁格尔是谁？"

这几天，全英国的人民都在谈论着她。

过去，因为弗洛伦斯不喜欢参加社交应酬，因此认识她的人并不多。虽然她的名声传遍英国的每一个地方，仍然很少有人知道她究竟是谁。

一个星期之后，一家权威报社刊出了一篇比较正确的报道。

　　弗洛伦斯·南丁格尔是谁呢？这是当前最热门的话题，但是没有多少人能说出她究竟是谁。现在，让我们来为您解答这个问题。

　　弗洛伦斯·南丁格尔就是恩珀蕾花园以及茵幽别

墅的主人威廉·南丁格尔先生的小女儿，也就是南丁
格尔家族的继承人。

接着报刊简要地介绍了弗洛伦斯的过去、她的学识和才
华，并以"与女王同龄"，"气质高雅，深孚众望，凡是接近
她的人，都认为她和蔼可亲，是一位具有不可思议的感化力
和魅力的未婚淑女"来描述她。

一位了不起的女性，因同情远征国外的伤兵，毅然离开
了繁华的伦敦以及温暖的家庭和亲戚朋友，怀着服务的热忱，
不求任何回报地走上了前线。

当我们阅读这篇报道的时候，这位思虑良苦、感
受敏锐、才华出众的高贵淑女正在战地，献出女性最
珍贵的爱心，为劳苦功高的战士服务。

在阿尔玛激战中，奋勇抗敌的士兵值得我们赞扬；
但是为了许多受伤和生病的将士，牺牲自己、贡献自
己，前往前线的弗洛伦斯·南丁格尔小姐，更值得我
们尊敬。

有人认为她的做法是沽名钓誉、矫揉造作，因认
识不清而嘲笑她、批评她，但真正了解弗洛伦斯·南
丁格尔小姐的人一定会为她的精神和行动感到骄傲，
并对她产生敬仰之情。

还有谁能像弗洛伦斯·南丁格尔一样站在神圣的

高塔上，摒除娇弱、自负，牺牲自我而为群众服务呢？

她是我们英国人民的楷模。

这篇报道引起了强烈的反响。人们恍然大悟，原来护士队的队长不是一个穷苦、卑贱的老妇人，而是一位学识丰富、气质高雅、年轻貌美、不求任何报酬的富家女子。她所率领的护士队，使后方的百姓感到无上的光荣。因此，先前对这次行动漠不关心的人士，也开始热烈地响应及支持了。

上流社会的妇女们更把学习护理当成一种时髦。纷飞而至的慰问信件，使南丁格尔家不得不在伦敦特设一个办事处，由姐姐芭斯诺普和她的好友共同负责处理信件。

在弗洛伦斯出发前，就已经收到了不少捐款，善款数目随后仍在不断地增加，后来达到了 7000 英镑。这笔巨款暂存在一家大银行，供弗洛伦斯随时调用。

自去年弗洛伦斯离家独立后，父亲每年寄给她的 500 英镑的生活费，也成为庞大捐款的一部分，弗洛伦斯把它们用在了最适当的地方。

10 月 27 日，弗洛伦斯转搭匹尼西纳公司运送印度邮件的快速邮轮"贝克济慈号"，前往克里米亚半岛。

这时候已是 1854 年，弗洛伦斯·南丁格尔已经 34 岁了。

投入自己的世界

1854 年 11 月 5 日，弗洛伦斯一行人安全抵达斯库塔里。这是土耳其王朝的发祥地，也是人们心目中景仰、崇拜的古老城市。虽然它位于海拔 300 米的高地，却有"博斯普鲁斯之珠"和"土耳其银城"的美誉。

弗洛伦斯她们来得正是时候，当时正值大战爆发的前夕，将会有更多的伤兵被送来，尽管医护人员仍然不敷所需，但总算是聊胜于无。

弗洛伦斯能够及时赶到，心中非常安慰。

"无论是在英国，在德国，在这个世界或另一个世界，我决不放弃从事医护工作的理想。"

她工作的地方才是她真正的家，现在她来到这里，投入了属于她自己的世界。

这是一个非常宽敞的"大家庭"。

在战区的英属医院约有 10 家，除了克里米亚的 4 家以外，其余的都在斯库塔里。

弗洛伦斯一行人所到的地方，就是斯库塔里 6 家医院中设备最简陋、建筑最古老的一家。

"克里米亚天使——弗洛伦斯·南丁格尔"的称呼流传至今，已是家喻户晓的美誉，南丁格尔虽然在克里米亚半岛服务过半年，但她真正的建树以及主要活动的地点却是在斯库塔里。

1854 年 12 月，在向土耳其借来的宽大、简陋的医院中，病患高达 2435 位，护理工作全部落在救护队的肩上。

院方的医疗设备以及伤兵的生活情形如何呢？

"我并不完全相信《泰晤士报》的报道。"这是弗洛伦斯在出发前写给赫伯特夫人信中的一句话，但现在她亲眼看见的情况不仅不亚于新闻报道，其悲惨程度更远超过自己的想象。

"国内各报对战地医院的描述和实际状况完全是两回事，这里简直比地狱还要凄惨！"

弗洛伦斯到达当地后，立刻写信告诉赫伯特她所看到的惨状。

这里确实如同拉塞尔的报道中所提到的，那是一栋古老而宽敞的建筑物改成的临时医疗救护站，但他忽略了一点，那就是这栋古老的建筑物一点儿也不适合作为医院用地。

修筑简陋的下水道位于房舍的地基附近，不但无法流通，积满的脏物和污水还散发着恶臭，一阵风起，臭气弥漫在走廊和病房的每一个角落，令人难以忍受。

地板磨损剥落，千疮百孔。墙上积满了厚厚的尘埃，成为毒虫、微生物的最佳繁殖地，污秽的环境使老鼠到处横行。这些老鼠猖狂无比，经常在病人的枕边爬行。为了不惊动熟睡中的伤员，弗洛伦斯练就了一手很有效的捕鼠技巧。

由于伤员过多，医院显得拥挤不堪，每隔几十厘米就有一张病床，每张病床上必须容纳4位伤兵。

无论是因受伤或手术失去手脚，因发高烧而不省人事，还是因冻疮而伤口腐烂发臭，以及因赤痢、霍乱的侵蚀而危在旦夕的各种病患，挤满了医院的每一寸土地。

这样的医院，要供应足够的日常用品不是件容易的事，首先感到匮乏的就是病床和毛毯。在这种物资奇缺的环境下，只好用粗糙的帆布作为床单，用空的啤酒瓶或葡萄酒瓶来代替烛台，但是，日常不可缺少的浴盆、毛巾、肥皂、扫帚、抹布、脸盆、盘子、刀叉、汤匙等生活基本物资却一样也没有。病患所需的医疗用品，例如担架、绷带、消毒原料以及药品等更不用说了。

奇怪！赫伯特曾提起过几吨的医疗用品，都被送到哪里去了呢？

由于出货与收货双方没有取得密切的联络，这些医疗用品随着枪和子弹，在转到克里米亚半岛之后，又被送回英国，或者是被存放在土耳其海关仓库，然后竟神不知鬼不觉地不见了！医院对这些急需用品的运送行程毫不知情。

面对嘲讽

救护队到达斯库塔里后，同行的《泰晤士报》记者马可立刻前去拜访英国驻土耳其大使利多克里夫，请教他如何支配远道带来的《泰晤士报》募得的善款，但利多克里夫的回答是："这里不需要后方的任何支持或救济。"

"您的意思是说这里一切齐全，不缺乏任何物资吗？"

大使冷冷地回答说："是的，你们来这里根本派不上用场。"

"不是……"

"如果你一定要把这笔钱留在斯库塔里的话，那我告诉你，你可以把钱拿到洋人街去，捐给英国新教教会，作为慈善基金好了。"

马可感到非常失望，不知如何应对，只好悄然离去，他决定把全部捐款交由弗洛伦斯处理。真想不通，面对斯库塔里这般凄惨的情形，利多克里夫大使竟然如此冷漠！

或许是下属蒙蔽实情，使他无法得知真相，又或许是大使知道真相，他认为这是政府施政的错误，不应当由人民负责，更不能用人民的财物来补偿。但是，无论在哪种情况下，他的态度都是不可原谅的。

医院的设备既然如此缺乏，就更谈不上厨房或洗衣室等设施了，到处呈现出杂乱和污秽。弗洛伦斯还曾经发现病床下躺着一具腐臭的狗尸，像这种情形，赤痢、霍乱怎么可能不猖獗呢？一旦这些传染病发生后，蔓延的速度常叫人措手不及，只能听天由命，伤员的性命真是朝不保夕！

1855 年 2 月，病患士兵死亡率高达 42%。可悲的是人手不足！医院里繁重的工作做也做不完，能帮忙的人少之又少，堆积如山的工作永远也做不完。这些事情常让人筋疲力尽，心烦气躁，几乎天天都晕头转向，无所适从。

在这里负责办理购买医疗用品的官员全都是冥顽不灵、墨守成规、庸碌无能的人，没有一个是那种尽职尽责、果决力行或当仁不让的。

几名年轻的医生虽有满腔热血，且很努力地从事救护工作，但人手依然不足，他们对整个医院而言仍旧杯水车薪。

任何一位威武勇猛的将军或仁慈善良、不畏邪恶的牧师，只要一踏进这个医院，都会不寒而栗。

这就是弗洛伦斯所向往的"家"，只有这里才能使她得到满足，使她满怀的心愿和才华得到适当的实现和施展。如今，她终于来到了这个"真正的家"，然而她在这里扮演的是什么角色？在别人眼中她又是什么样的人呢？

病患都因她的来临感到欣慰。一个伤兵曾流着泪对她说：

"当我看见你们的时候，我忍不住要流出喜悦的泪水。为了照顾我们，伟大的英国妇女不辞劳苦，经过长途跋涉来到此地，使我们就像回到自己的家里一样！"

但是，将官和医疗部的长官却持着相反的态度，他们认为男人都难以立足的战地，女人又能做什么呢？真是不自量力！因此他们一直以冷眼旁观、嘲讽和不屑的态度来对待她们。

他们认为，弗洛伦斯等人只是凭着一时冲动来到前线，她们不但不了解实际情况，而且也低估了战争的力量。因此尽管这支救护队伍受命于政府，但在他们眼中仍只是一群无知、可怜的妇女。

一个高傲轻慢、意气风发的女子踏上这块混浊杂乱的土地，看见这种悲惨绝伦的景象，难道不会掩面痛哭、娇弱昏厥，成为别人取笑的对象吗？

有一位军官对从未谋面的弗洛伦斯早就不怀好意，他存心取笑说：

"听说弗洛伦斯·南丁格尔小姐为了避免长头虱，理了光头，戴着假发……女人以为打仗不会流血。"

听完这些话，其他军官也都讥笑她们。

"她们太天真了！以为这里是游乐场所。"

"万一她们看见受伤的士兵一个个被抬进来而昏倒的话，那怎么办？"

"那可糟了！不但伤兵没人照顾，还得另外找人来照顾她们呢！"

"那还得了？大家都忙死了！"

但弗洛伦斯还是来了。她带着满腔的服务热忱，天生的慈悲心，不屈不挠、不畏艰苦的精神，以及38名训练有素的护士和大批日常、医护用品来了。

困难重重

从弗洛伦斯到达目的地的那一刻起，她的工作便开始了。在这里需要完成的工作量不是一般人能够承受的！

> 我在这里必须客串全能的主妇，除了烧饭、做菜，还要兼任清扫工人、洗衣妇，以及杂货铺的店员和老板。

她写信告诉赫伯特这里的情况。事实上，在这里除了扛枪上战场之外，没有一件事她可以放手不管。

这里没有一件经过整顿或组织的事务，想在这样的环境中生活，凡事都必须从头做起。

为了减轻千万士兵的痛苦，为了挽救许多年轻宝贵的生命，弗洛伦斯要做的事情太多！

尤其可贵的是她诚恳的态度，在斯库塔里的21个月中，她从没有改变自己温和的态度。

即使她遇到可怕的事，听见别人冷眼旁观的取笑，看到令人愤怒的情景，也绝不改变她一贯温柔、和蔼的作风。

她永远沉着、平静、宽容、细心地观察眼前的问题，并立刻做出正确的判断，因此她总能任劳任怨，有条不紊、耐心地完成每一件事。

这种坚忍不拔、温恭自信的品质，真是难能可贵！一个天生柔弱娇贵的女子，竟能承担大任，难怪过去自认为了解弗洛伦斯的人，也要惊讶不已了。

弗洛伦斯冷静沉着、充满自信的应变能力，使斯库塔里完全改观。

她所带来的丰富资源成为整顿医院的最大力量。

大使和医疗总督曾以坚定、冷漠的语气说："你不必带任何东西。"但天性谨慎的弗洛伦斯为了以防万一，早就添购了许多粮食和杂货。

本来空无一物的宽大医院，现在已添置了许多设备，不再有凄凉、萧条的感觉了！

面包、葡萄酒等食品也随着患者的需要，开始供应。

棉被、雪白的床单、松软的枕头都有了，绷带、纱布、药品、毛巾、肥皂、小刀、叉子、梳子、牙刷……也都齐全了。

日常必需品如果短缺，不只会造成严重的生活问题，还会严重地影响人心的安宁。

在斯库塔里医院，没有一件可用的东西，伤兵们还没有动物生活得好，他们的心灵难免像野兽般狂躁。所以，她必须体谅那些内心荒凉、失去生存意志的人！

在这个世界里，弗洛伦斯带来的物资收到了起死回生的效果！她把生存的希望播撒在这个偌大的空间里。

最主要的是，病人的情绪由暗转明，精神也重新振作，像幼苗得到雨露的滋润，又抬起头、挺直腰一样。

把生命的活力重新带入斯库塔里的，绝不仅仅是弗洛伦斯所带来的物资，这些不足以产生这么大的作用。

可是，如果没有这些物资，弗洛伦斯恐怕也无法收到这么神速而成功的效果。物质的确是不可缺少的强大动力，但是即使把全英国的物资都送到这里来，没有弗洛伦斯的心和温暖的手，也没有办法收到如此完美的效果。

当时，最富牺牲精神的远征牧师休姆曾有下面的记载：

> 只要军医有所要求，她就立刻把面包、椰子粉、汤汁和其他美味的滋养食品，大盘大盘地送到伤员的面前，这对医师的治疗工作是非常重要的一环。
>
> 我由衷地感谢上帝，这些可怜的士兵不再饥渴，不再被人们遗弃！

弗洛伦斯的工作，已全面展开了。

斯库塔里简陋医院的西边有一座高塔，塔中宽敞的房间里堆满了士兵们需要的用品。医疗药品、食物、衣服等必需品堆积如山，弗洛伦斯就像大杂货铺的老板一样，随时补充伤兵的需要。

对抗官僚作风

事实上，斯库塔里最大的悲剧还是官僚习气太浓。弗洛伦斯敏锐地察觉到这一点后，认为这是英国军队的致命伤，于是不畏权势，毅然与官僚习气相对抗。

日常用品是弗洛伦斯与官僚作风的最大冲突点。虽然她有权向政府申请生活及医疗用品，但每逢急需时，都因形式或规则而寸步难行，她对这种状况感到厌恶，经常自己慷慨解囊，解决了许多问题。

有一次，弗洛伦斯在寒冷的夜里起来巡视，她发现壁炉里只剩下星星之火，病人们冻得发抖，紧缩成一团。那时候已是三更半夜，官员们绝不会冒着严寒，为医院去拿薪柴，于是她只好把自己房中仅存的薪柴搬来。

第二天，弗洛伦斯向官方提出正式申请，希望上级能拨下更多的燃料。但监督官却很不高兴地说："你应该知道，每一个壁炉供应多少燃料，是有一定数量的。"

"这个我们知道，但在特别寒冷的时候，是否应该酌量增加燃料？"

站在弗洛伦斯一边的主治医师也尽力为病人争取。

"你的意思我了解，但是否能行，还要经过开会讨论后才知道。"

"那就请你们赶快开会决定吧，最好能及时赶上今晚的需要。"

"这怎么可能？会议得先定好一个日期，再通知与会官员，才能正式召开。何况现在那些重要官员有的出差去了，有的到外地度假去了，也有的生病请假，在最近两天内，是绝不可能召开的。"

"那能不能请你先拨下一些薪柴？至于会议的召开或问题的裁定，你们可以等到春天暖和一点的时候，再慢慢讨论。"

监督官看着言语中带有讽刺意味的医生，觉得有点难为情，于是拨了一部分薪柴给他们。但是，政府官阶层次繁多，而且一层比一层盛气凌人，每个部门的监督官又都有自己的规矩，不像刚才那位监督官这么好商量，因此有许多问题仍然无法顺利解决。

由于医院物资短缺，病人大多光着上身，没有衣服可穿。于是弗洛伦斯向政府申请27000件衬衫，这项要求很快就得到批准，随后就分发下来。当士兵们看见一大包衣服寄来时，都迫不及待地想要得到属于自己的那份。

但是，经手的官员却说必须经过会议同意后才能把衣服打开，不可擅自行动。任凭弗洛伦斯费尽口舌，官员仍然无动于衷，直到两个星期后才通过这项议案。

军务大臣得到这个消息后，立刻写信给补给官（在后方为前线士兵补给必需品的长官）说：

现在正处于战时，一切行事无须过分拘泥于形式，
应当随机应变，缓急有序，不可耽误公事！

虽然军务大臣一再强调，但长年根植的陋习和作风一时却无法改变。

弗洛伦斯看到病人们的惨状，怎能袖手旁观？她心中的愤怒已达极点！

后来，再遇到类似的情形时，弗洛伦斯只得采取强硬的态度，不再理会所谓的会议决定，径自解开包裹。官员们也只是敢怒不敢言，因为为了病人们的生命，这种做法是无可厚非的。

重大的建树

对于厨房和洗衣间的改善，也是弗洛伦斯的一大建树。

过去医院里的伙食，无论是饮食配料、吃饭时间、分量都没有统一规定，病人们争抢食物，只要到手就往口中送。在这种情况下，病患们无法得到应有的食物，一些特定的伤员或禁食的病人，也在你抢我夺中得到了不该吃的东西。吃饭的时间也没有统一规定，整个医院混乱不堪。

弗洛伦斯来了之后，2000 多名士兵在规定的时间取用合宜、富有营养的食品。这项改革除了要感谢弗洛伦斯外，也要感谢以慈善、服务为己任的法国厨师苏瓦耶，他自愿包办医院的饮食，希望帮助士兵早日恢复健康。

　　至于洗衣设备也与从前大不相同。

　　弗洛伦斯没有到来之前，衣服能沾上一点清水已经很不错了，更不用说消毒了！因此士兵们的内衣也和厚积尘垢的墙壁一样，成了细菌繁殖的地方。

　　她首先向土耳其人租了一个小房间，然后安装锅炉，作为消毒衣物的洗涤室。从此，士兵们又能穿上洁净舒适的衣服了。

　　这一切费用都由弗洛伦斯自己承担。

　　她又注意到士兵的外衣也是一个严重的问题。伤兵病人始终穿着同一套衣服，且都因作战而破损或沾满血迹，或因流汗以及尘埃而结成厚重的污垢，跳蚤和小虫子到处可见。

　　"士兵的衣物必须随身携带，不可有任何遗损。"这是军中的规则，军医方面就是以此为理由，不肯分发所需的衣物。

　　"士兵的衣服和所有必需品都要放在背包中，这是规定。"

　　作战时，司令官曾下令要他们丢弃背包，所以现在他们一无所有！

　　对士兵而言，背包是仅次于武器的重要装备之一，为何司令要下令丢弃背包呢？原来在攻打塞瓦斯托波尔时，司令官以为能以速战速决的方式，在几日内攻陷这个要塞，因此做了错误的判断，认为放弃背包有利于士兵的攻势，却没料到这是一场艰苦的战争，足足打了 11 个月，士兵们的穿戴都已破旧不堪，想要回头找回背包时，一切都太晚了。

"话是不错，但规定就是规定，没有变通的余地。"

官员们不理睬弗洛伦斯的建议，好像士兵身上穿着如何与他们没有半点关系似的。

实在拗不过，弗洛伦斯只好用自己的钱买了许多衣服、鞋袜及其他必需品，还做了很多裤子和睡衣……

"现在的我，就像是给赤裸的、可怜的士兵穿衣服的保姆。"这是弗洛伦斯写给赫伯特的信中的一句话。一段时间后，弗洛伦斯决定扩建病房。因为从克里米亚战场传来要把更多的伤员送到斯库塔里的消息，这个拥挤不堪、无寸土余地的医院实在无法再容纳任何一位病患了。唯一的办法就是扩建病房。

在这个简陋的建筑物里，还有一间脏乱的房间，那是虫和老鼠的天堂，布满瘴疠之气，没有人敢进去。在穷途末路、无计可施之际，弗洛伦斯只好姑且相信，如果将其加以整顿，或许可以缓解一下目前的急需。

但只有一个军医同意，没有一个官员敢做决定。

"改建一个房间，需要一笔为数可观的资金。"

"这等于重建。稍微整理的话，仍然无法成为人居住的地方。"

"如果要重建，那事情可大了，谁敢负责呀！"

提到责任，他们只会设法推卸，没有人愿意出面解决问题。

依照政府的规定，重建必须由医院主管向伦敦军医总督提出书面报告，并且还要和陆军部官员磋商，然后陆军部与国防部商量之后，再由国防部正式呈请财政部，得到财政部的同意，陆军部才可请总督批准，按提议进行重建工作。

如果一定要经过这一大圈子的程序，才准许总督把命令下达斯库塔里的话，克里米亚战争不是早已结束，就是伤兵早就死光了！

眼看着伤兵明天就要到了，无论如何总得先想个办法来收容这批可怜的病患。

弗洛伦斯忽生一计，她想直接和驻君士坦丁堡的大使夫人商量，借着夫人的传达使大使明白事态已刻不容缓，请求他的支持，直接请财政部下达命令，立刻修建病舍。这样一来，不就减少了不少时间吗？

弗洛伦斯果然如愿以偿。立刻有 125 位工人进行重建工作，但不知何故，这些工人竟中途罢工，大使也怕招惹麻烦，临阵脱逃，不加理会了。

没有办法，弗洛伦斯只好再度动用私款，雇用了 200 名工人加紧赶工，总算如期完成了这项工作。病床增加，可以容纳更多的伤兵病人，同时又添购了不少床铺、床单……

了解当时实际情况的人说："我们静静地回想当时的情形，如果不是弗洛伦斯·南丁格尔小姐带着一笔相当多的财产来到斯库塔里，那些不幸的死亡事件一定更多！我们都相信这是事实，即使是一位干练、精明的行政人员，也不见得能胜任这么重大的职务！"

鞠躬尽瘁

事实上，金钱、日常用品、医护用品这些事情都不属于弗洛伦斯的职责范围，政府给她的头衔只不过是"驻土耳其野战医院护士总监督"。

> 我好像是一个指挥 38 名妇女从事护理工作、责任轻松的团长，但事实上，这却比指挥 4000 名士兵还要艰难。

要领导手下，真不是件容易的事。

这 38 名护士，虽是经过精挑细选才招募到的优秀医护人员，但她们一接触战地的实际工作，就不是每个人都称职了，只有 16 名护士可以算是合格的。

她们中有的无法忍受战地生活的艰苦和毫无自由的医院规则，有的生病，有的品性低劣、庸碌无能，有的根本无法遵守一切规则，也有的是已婚妇人，心中老是挂念故乡的子女、家人。后来，弗洛伦斯将这些人全部送回英国。

留下来的 16 名护士真是尽职尽责！其中还有五六个是相当不错的，弗洛伦斯就曾在给赫伯特的信中夸赞一名护士，说她是不可多得的医护人才。

弗洛伦斯

毕竟，这是有史以来第一次把女护士送到伤兵群中的例子。为了使管理上减少许多麻烦，弗洛伦斯必须严格地执行各种医院规则，以避免不必要的困扰和维持良好的生活纪律。

例如，医院中规定，护士外出必须三人以上同行，否则就要经过负责人的许可，才可单独外出。

弗洛伦斯还设计了一套别有徽章的制服，凡是护士，一律要穿戴齐全。

此外，规章还严格禁止私人行动，或在头襟上插戴花朵，如此一来，那些比较轻浮无礼的伤兵病人才会对这些崇高的妇女产生敬畏之情，不敢随意冒犯。

弗洛伦斯不但制定规则，也严格地执行，毫不放松。

她还在外面租了一间房子，特别供生病的护士疗养，才不致在拥挤的医院中造成不便。

护士之中，有的已为人妻，有的是寡妇，对于这些有后顾之忧而勤勉工作的人，弗洛伦斯都会特别体贴，设法为她们解决故乡亲人们所遇到的困难。弗洛伦斯经常写信给姐姐芭斯诺普，由芭斯诺普全权负责照料护士的家眷。

姐姐芭斯诺普成为"远征护士队家眷照管人"后，也非常忙碌，成为弗洛伦斯后方的有力支持。

无法胜任战地医疗工作的护士被遣送回国后，新招募的护士立刻到达，经过不断的补充，到战争结束的时候，斯库塔里已拥有 125 名护士。

在弗洛伦斯的监督、领导下，全体医护人员都觉得自己的工作无比的光荣和愉快。

尽管弗洛伦斯是一位医护监督，但她仍不失为一个第一流的护士，她在照料伤兵的功劳和辛勤方面，绝不是其他有能力、有牺牲精神的护士所能及的。

布雷斯布里奇夫人在写给弗洛伦斯母亲的信中说：

> 请您放心！弗洛伦斯在这里一切安好，且有卓越的表现。她所做的每一件事都很了不起！这里所有的人都敬爱她。她对可怕、肮脏的伤口毫不嫌恶，只知为他们彻底洗净，在处理事务方面，也都井然有序，真是值得您感到骄傲的好女儿。

弗洛伦斯曾连续 20 个小时，以蹲姿为士兵包扎伤口，或指挥手下分发日常用品，或帮助手术的进行，但是她毫无怨言。

　　只要是需要她的地方，她从不逃避、推诿。她经常巡视病房，为伤兵整理被褥、枕头，或替他们翻身，改变睡姿，以及为他们酸痛、麻木的四肢按摩，使伤兵们感到舒适。总之，伤兵需要的任何一项服务，她都尽力去做，即使是细微不易察觉的，她也从来不会忽略。

　　这种敏锐的观察力，就好像躺在病床上的是她自己，她完全清楚自己哪个部位不舒服，需要怎样的医治。

　　对于情绪低落、经常因想家而忧郁，或对生命失去信心的伤员，她都会格外亲切地安慰他们，使他们精神愉快，早日恢复健康。这项心理治疗工作，可说是弗洛伦斯最卓越的表现。

　　进行危险的大手术，或伤兵奄奄一息之际，她必定在场陪伴，作为传达他们心愿和临终前情感的使者。她也从不回避严重的传染病患者，而是更加小心、更加亲切地关照他们。

　　在这个庞大的医院中，病情最严重、最需要人照顾的患者身旁，总会有弗洛伦斯的身影。

提灯女神

提着油灯的女神

晚上 8 点以后，是护士们的休息时间，她们不可以再到病房里随便走动。弗洛伦斯利用这段时间处理有关的文件或写信，直到夜深人静，人们都已熟睡的时候，她才领着另一位护士，提着油灯，在病房的长廊上轻步走动，巡视每一张病床上熟睡的士兵。

关于这件事，美国诗人朗费罗作了诗歌歌颂她。

不认识弗洛伦斯的人也都知道了这件事。事实上这只不过是她所有工作中最微不足道的一小部分，为什么会受到这么多人的重视呢？或许是因为弗洛伦斯在伤兵病人的眼中早已被塑造成一个高贵、可亲的形象，使得人们很自然地关心她的每一个小动作吧！他们在感激之余就在家信中透露了这件事。

有一首诗就是为了赞扬她可敬的爱心而写的，现在摘录如下：

我看见在海的那一边

有一位女郎

提着微弱的灯火巡视每一个房间

那些受伤的士兵

好像都做着甜美的梦

微侧的脸庞

望着提油灯的女郎

向着壁上晃动的倩影

送上一个虔诚的吻

……

提着油灯的天使

每一封伤兵的家书里，总难免要吐露对弗洛伦斯的感激和赞美。

只要看她走过，心中就有一种莫名的欣慰，她永远是那么亲切地问候每一张床上的病人。但医院太大了，伤兵也太多了，她不能在同一张病床前停留太久，于是伤兵们只好望着映在墙上的影子，送一个飞吻，以表示心中无限的感激。

记者马可也曾在给国内朋友的信中，提到了她：

如果说她是医院的天使，那绝不是夸张的话，每当她苗条的身影柔静地飘过每一个病房时，士兵们都以感激的眼神目送她渐渐远去。全国人民以对待巾帼英雄的心情，欢送她离开英国。人们对她的期望是正确的，她的才华、爱心和勇气堪称女中之最。

提灯女神

这是一位仁慈的天使。

伤兵与日俱增的感谢和信赖，使得弗洛伦斯逐渐神化，她在患者的心中已不再是凡夫俗子，凡是由她照顾的病人都会奇迹似的再现生机。

有些医生认为没有希望的病人，都在弗洛伦斯的关照下逐渐好转；也有些不听从医师指示，拒绝开刀或接受治疗的顽固病人，也在她苦心的劝说下，乐意遵循医师的指示，像只温驯、听话的绵羊；那些体力耗尽、病势垂危，没有元气接受手术的病患，因弗洛伦斯在一旁的细心照料，如同枯萎的小草受到雨露的滋润，再次茁壮、焕发出生机。

只要有她在，病患们都变得勇敢而坚定，哪怕是死神已在招手，也能安详地离去。因此每一位垂死的士兵，都以再见弗洛伦斯一面为最后的愿望，他们紧紧握住那双纤瘦的手，含笑永别人间。

当时伦敦社交界一位著名的议员在斯库塔里考察回来后，曾发表了下面的谈话：

> 当我在简陋的医院中看见弗洛伦斯后，我才领悟到历史上所记载的古代圣人的威仪是什么样子！
>
> 如果你当众向士兵们宣布，刚才天空中出现一道裂缝，弗洛伦斯·南丁格尔小姐已登天为神，我相信没有一个人会感到惊讶或怀疑，因为这正是人们心目中的弗洛伦斯。
>
> 士兵们都深信，无论何时何地，她都会在他们的身边，这也正是弗洛伦斯在这个医院中所造成的影响，人们迫切地需要她！

然而弗洛伦斯是军医和将官的眼中钉，碍于国家特派的情面，他们外表显得毕恭毕敬，背地里却与她钩心斗角，想破坏她的一切计划。

南丁格尔本来是一种鸟的名字，因此有人私下称她为"鸟"。他们都极尽破坏之能事，尽可能地不与南丁格尔合作，哪怕是举手之劳，他们也会憎恶地说："管它呢，那是鸟的事！"

有些军医从不与她交往或打招呼。但弗洛伦斯沉默、坚强、温柔、善良的个性，在长期的相处下，已渐渐地使这些人醒悟。尤其是医院中的医生和牧师，只要见到她就如同见到上帝的化身，在无形中产生一股力量与安全感，进而完全信赖她。

这种感觉犹如甘露般滋润着每个人的心灵，即使是对她存有成见的军医也不得不为她的才华和热忱由衷地生出仰慕之情。从此以后，凡是医院中发生的大小事情，军医们必会首先询问弗洛伦斯的意见。

弗洛伦斯来到斯库塔里半年后，这里的情况和以前截然不同。仅仅半年的时间，那些可怕的、污秽的、悲惨的记忆如同一场噩梦般烟消云散了！

本来高达 42% 的死亡率，现在已降为 22%。之前为数过多、超过 3400 名的病患，现在也只剩下 1000 名，而且这 1000 名病患中，不能离开病床的，仅有 100 名。

之前的长廊里到处栖息着毒虫和老鼠，现在再也看不见了，取而代之的是士兵们的谈笑声，他们经常聚集在一起谈天说地。

两项计划

虽然医院中处处呈现祥和安乐的景象，但处事谨慎的弗洛伦斯仍为另一件事感到不安。她眼看着即将痊愈的士兵沉溺于不良的娱乐中，而失去生活规律，毫不珍惜自己的生命，这怎能不让她痛心和失望呢？

"什么事情最可怕？什么事情最悲惨？这是外人无法得知的。那绝不是受伤流血、传染病的侵害或寒暑不定的气候变化，而是酗酒的人像野兽一样失去人性。那种习惯让人不讲道义，过着糜烂、违反常理的生活，使人谄媚、钻营、自私自利、行为卑鄙。"弗洛伦斯悲痛地写道。

身体恢复健康，而精神却受到损害的人，仍不能算是健康的人，弗洛伦斯为了挽救这些自我摧残的人，制订了两个计划。

首先设立图书室和娱乐所，购置足够的报纸、杂志和富于趣味性的书籍，以及有益于身心的娱乐器材，再教导士兵们树立正确的观念，掌握使用器材的方法，以防止他们被不良嗜好吸引。

"真无聊，她的花样太多了！"

"就是嘛，留在战地的士兵难免会胡作非为，这是很自然的现象。也许在女人眼中，这都是野兽般的行为，但她们可别忘了，士兵来战场是要杀人的，当然跟野兽一样了。"

"女人就是女人，她以为士兵们会像小绵羊一样接受她的哄骗，乖乖地坐在那里看书、看报纸？"

一些人私下谈论着，似乎对她的计划不太感兴趣。但这项计划一经报道出去，立刻受到后方人民的一致赞同，百姓们争相捐赠各种书籍和娱乐用品。这些东西在运送过程中，不论是用轮船还是用飞机，一律免费。

更巧的是，有一位贵族正好来到斯库塔里，为了响应后方的支持，他主动捐赠了一栋房子，作为图书室。

1856 年 1 月，图书室正式开放。后来图书室的人流量太大，为了满足需求，弗洛伦斯他们一再扩大图书室的占地范围，最后还扩展到了克里米亚半岛。

关于在国内购置读物和器材的工作，姐姐芭斯诺普是第一功臣，她称这些东西为"弗洛伦斯的军中教育"。

"要把弗洛伦斯的军中教育所需要的用品送到前线，供士兵们使用，可真不是件轻松的事！"芭斯诺普在信中向朋友吐露这项工作的困难。

军中教育计划除了这些供应品外，还从国内聘请了一些学者专家到斯库塔里做简单的科学演说。

初步计划收到良好效果后，弗洛伦斯又想用咖啡馆来代替诱惑士兵的酒吧。咖啡馆预定设立在士兵往返最密集的中心地带，它濒临美丽的博斯普鲁斯海峡，为了纪念印加曼战役，所以起名为印加曼咖啡馆。印加曼咖啡馆中低廉的消费额和明净的窗儿吸引了不少士兵。

第一项大计划完成后，弗洛伦斯又着手第二项计划——鼓励储蓄。

弗洛伦斯建议士兵们把薪水的一部分寄回家中，因为在战地并不需要太多的花费，身边留着太多钱，反而会使他们误入歧途。

她的储蓄计划，使军官感到惊讶！

"这项计划绝对不会产生效果，因为他们不是会寄钱回家的那种人。"

连陆军大臣潘穆尔（在战争中内阁改组了，陆军大臣也换了新人）也认为第二项计划成功的概率不大。但弗洛伦斯比较了解士兵们的心理，因此在很短的时间内，就把1000英镑的储蓄金送回英国。

住在伦敦的姑丈也义不容辞地接受这项委任，负责把寄回来的钱分送到每一个士兵的家里。

不久，英国政府出面办理这项汇款计划，并由内阁会议决定设立汇款事务所，在6个月中，一共收到了71000英镑的士兵存款。

如果不是弗洛伦斯提倡储蓄运动，这笔庞大的财富必定又会在糜烂、无规律的生活中白白地浪费掉。弗洛伦斯提倡储蓄具有双重意义，除了使士兵的生活正常化，也使后方的家眷们知道他们勇敢的亲人在前线过着富足的生活。

弗洛伦斯的功劳已超出了我们所能想象的范围，一般人认为无法完成的事，如今都由一个女人完成了！

姐妹塔

弗洛伦斯的工作已超出了她的责任范围，她从不计较自己付出了多少，只求为人们尽心地服务。

在简陋的医院西北方有一座塔，塔中有一个大房间，那是医院用品的储藏室。在仓库旁还有一个小房间，这就是弗洛伦斯的办公室。

凡是书写性质的工作，都在这里办理，有关的重要会议也在这里召开,这个小房间可谓是"仁慈天使"的工作中心。

换句话说，塔里的小房间和隔壁的大仓库所放出的光芒犹如深夜中的明灯。军人和当地的居民称这座塔为"姐妹塔"，认为它是力量与生命的源泉。

经常有很多军官夫人、士兵妻子、修女、护士、伤兵病人等要求和弗洛伦斯晤谈。当时，各国联军都杂居在此，土耳其、西班牙、法国、意大利等国的士兵，也要求与弗洛伦斯见面。弗洛伦斯以各种不同的语言和来者交谈，给予满意的回答，他们都带着感激、敬佩的心情回去。

大家都知道，弗洛伦斯是一个多才多艺的女子，她精通多种语言，为人诚恳，心地善良，因此护士们又称这座塔为"传说塔"。

"传说塔"来源于基督教旧约创世纪十一章中的记载。传说在一次洪水中，诺亚带着子孙移居到巴比伦，他们在此繁衍后代，建造都市，后来又想建造一座与天齐高的塔，因为天上是神的宫殿，他们希望建一座通达神的宫殿的高塔。但他们的目的非但不是要歌颂神的伟大或赞美神的宫殿，而且还怀着傲慢无理的态度，因此引起了神的愤怒。神施展法力，让筑塔的工人语无伦次，含糊混淆，无法沟通。神还让人类忘记了原始的共同语言，因而产生了多种不同的语言。

这样，上面和下面的工作人员语言不通，无法取得联络，这项工程也就无法再继续进行下去，大家只好停止筑塔，分散到世界各地。之前人类只有一种共同语言，但这件事情发生之后，工人们带着不同的语言分散各处，于是造成了今日这种状况，每个地方、每个国家都使用各不相同的语言。

除了弗洛伦斯，再也没有人能把心意传达给其他国家的人，所以护士们就借着这个典故，称这座塔为"传说之塔"。

弗洛伦斯为人处世的方法以及牺牲精神使人们对她心服口服，她每天做的事多得不可胜数，其中以小房间中的书写工作最为繁重。每天晚上8点钟，护士们休息以后，弗洛伦斯就埋首案前，专心处理堆满了桌面的文件，以及盘算物资的供应问题。在这些令人伤脑筋的工作中，又以写信占了最大的分量。

上自英国维多利亚女王，下至士兵的眷属，几乎全国人民都写信给她。

维多利亚女王非常关心士兵的健康情形，因此常来信询问医院状况。弗洛伦斯必须写信详细地报告一切，这件工作别人绝对无法代替，否则医院设备怎能得到进步和改良，伤残士兵和患病士兵又怎能得到同样的待遇？

伤残士兵和患病士兵同是为维护国家安全而卖力的人，这是不可否认的事实，但两者却受到不同的待遇，因此患病士兵们都感到不满，有一种被国家冷落的孤寂感。弗洛伦斯了解他们的心情，所以把这件事报告女王，为他们争取同等的待遇，果然女王下令提高他们的薪饷，消除了不平的怨尤。

在斯库塔里有一块英军阵亡士兵的美丽墓地，也是弗洛伦斯力争而来的。

坚持工作

在弗洛伦斯的所有信件中，以写给赫伯特的信最为重要，是研究弗洛伦斯生平事迹的重要参考资料。

其中有一封写给赫伯特的私函，因为不是写给国家大臣的公函，所以她在信中毫无隐讳地吐露了自己心中的感受。

之前，她因为生活在无聊的上流社会所产生的郁闷之情，都在日记和写给朋友的信中，获得了片刻的安宁。在斯库塔里的时候，她也以同样的心情，把长期闷在心中的愁苦，写信告诉赫伯特。

弗洛伦斯看到的不仅是事物的整体，她还观察到每一偏僻的角落，从不轻易放过任何一个细节。

对于军医组织和制度她毫不客气地批评，并提出改革的具体方案。对于手术和医疗的效果、疾病的种类、死亡率的高低，她也做了详细的分析和统计。

她对所有的工作人员也有中肯的批评。有时她会毫不留情地批评一个差劲的外科医生，或嘲笑那些自大的护士，有时也讽刺大使夫妇、行政人员和愚蠢无知做错事的人。

安慰和鼓励闷闷不乐的士兵，使他们精神焕发、心情愉快，这是弗洛伦斯最拿手的，但对于讽刺或替别人起绰号，弗洛伦斯也相当高明。

克里米亚的军医霍尔博士因在战争中的表现获得了二级勋章。但弗洛伦斯却不认为霍尔博士应该得到这项殊荣，她认为霍尔博士如果真的精明能干，就不会使那么多年轻的生命无辜地牺牲了，所以她在信中说："霍尔博士所得到的二级勋章，只不过是在提醒我们他是'克里米亚墓地爵士'罢了！"

"克里米亚墓地爵士"的英文简写与勋章名称的英文简写刚好一样，所以弗洛伦斯这样嘲笑他。

她认为这些庸才如果长期留在克里米亚工作，护士队和所有医院中努力工作的人将永远无法发挥最大的潜力，改善现有的医疗状况。

有一天，她在信中批评一位医生说：

我一再提出这种苛刻的批评，是希望让您知道，您为这个可怜的医院付出了劳动，却完全没有收获。

她讽刺、批评别人的话虽然刻薄无情，但却句句属实，她从来不因误会或私情而攻讦别人。她也曾赞美一位能干的护士说："她的身价和与她同重的黄金一样珍贵！"

对于一直跟随在她身边的护士史蒂芬小姐，弗洛伦斯写道：

> 如果没有她，我的工作恐怕早已失败了！她牺牲小我完成大我的精神，对事物认识的深刻性，以及身为护士对病患的热忱服务，都是我欣赏她的地方。我能顺利地完成每一项工作，完全要归功于她的帮助，所以人们给予她的酬劳和谢意都应该比我多！

她还赞美罗巴丝夫人说："她是第一流的外科护士，不但忠诚、勤勉，而且办事能力很强，一个人顶得上十个人。"

弗洛伦斯刚到斯库塔里时，所有的官员不但不体谅她的苦心，还处处为难她，与她作对。所幸，这时国内派了两位有改革能力并掌有大权的委员过来监察。

他们是医学博士约翰·沙谢兰特和罗勃特·洛林森。这两位新人对工作的热忱使弗洛伦斯非常感动，她说："他们挽救了英军！"

她看到不对的地方就毫不留情地严厉责备、批评，但看到好的一面，也会尽力褒扬、奖励，她一向是非分明。

弗洛伦斯把战地实情和官员的作风一五一十、毫不隐瞒地加以公正的分析与批评。

虽然这不是公函，但是对赫伯特完成分内工作确实有很大的帮助。如果不是弗洛伦斯和这位大臣有深厚的友谊，赫伯特也无法得到这么真实、毫无隐瞒实情的数据，斯库塔里的改革绝无法如此迅速地进行并收到成效。

此外，弗洛伦斯还必须写许多信。从家里寄来的信，或朋友的问候信，她都要一一回复。

至于细心照顾临终的病患，为他们写下遗嘱，寄给故乡的亲人，并告诉他们士兵临死前的一切情况，也是弗洛伦斯要处理的事情。还有那些因弗洛伦斯而恢复健康的伤兵，他们的家眷写来的感谢信每天都堆满桌子，这些信弗洛伦斯不但要一一看过，还要逐一回信。

其他像国内慕名人士写的问候信或询问信，也都成为她答复信件中的一部分。

再者，就是对生死不明的士兵或这个医院之外的士兵的询问函，她必定仔细调查后，给予满意而正确的答案。诸如此类的工作都是非常辛苦的。但她从不忽略任何一封信，也不因此而心烦，她总是心平气和地处理每一封来信。

曾经有一个隶属第三十九军的士兵的妻子，因为好几个星期不曾收到丈夫的来信，便写信向战地询问。三个星期后，她收到了弗洛伦斯的回信：

亲爱的劳伦斯女士：

对于你的来信，我不得不抱着沉重的心情告诉你一个不幸的消息。

去年是可怕的一年，在医院里的 100 名伤兵中，有 42 名丧失生命，许多妇人失去了丈夫，我实在难以启齿地要告诉你，你的先生就是这42位中的一位。1855年2月20日，你的先生在此病逝，因为当时赤痢和热病所造成的死亡率达到最高点。这一天，包括你的先生在内，我们一共失去了80位病人。

为了不至于产生错误和避免同名同姓的困扰，我特地写信到你先生以前所属的陆军部队查询，来信证实，你的丈夫确实光荣牺牲。我之所以迟迟没有给你答复，就是为了等候上校的来信，现在我附上他的来函与附件。你先生留下了1英镑2先令4便士的遗产，这些钱当然归你所有。我在1855年9月15日已将这笔款项存入陆军大臣处，你可以前去领取。

因你一直不知道丈夫已光荣牺牲，所以没有收到未亡家属的津贴，希望你赶快向伦敦威斯敏斯特大教堂布雷特乔治街16A的爱国基金部名誉书记陆军中校洛夫办理申请。

现在我附上申请书一份，以及陆军上校寄来的死亡证明书，以便你申请子女补助金。如果你不知道表格的正确填法，可以请教教区牧师，他会乐意为你服务。

对于你的遭遇，我感到十分的难过与同情。万一你无法在爱国基金部顺利办理申请手续，可以用这封信作为证明。请你节哀！

你真诚的朋友 弗洛伦斯·南丁格尔

斯库塔里医院 3月5日

　　这封信完全表现出弗洛伦斯的个性以及办事能力。对一个失去丈夫，必须负起养育责任的妇人，她给予最真诚的安慰和鼓励，并不厌其烦地把每个细节和今后应当做的事情详细地告诉她。

　　白天，她必须巡视医院的每个病房，问候每个病人。晚上，她又独自在塔里的小房间中整理一切文件。她以苛刻、严厉的言辞批评人们的缺点，却又以仁慈、体贴的心来关照失望、悲痛的未亡人。但是这些特性和本能一点也不发生矛盾，因为她有精明的行政能力，却又有与生俱来的慈悲心肠。对于那些没有同情心，只知道对可怜的人施以残害或毫不理会的人，她当然忍不住要苛责他们，但对需要援助的人，她从不坐视不管，必会给予最大的帮助与同情。无论是捕捉老鼠、对抗官僚、给未亡人写信，还是终日不休息地为患者包扎伤口，都是因为同一颗善良的心，只是以不同的形式和不同的方法来完成同一个目的。

　　在深夜里她搁下纸笔，仔细地巡视每个病人。不眠不休的工作热忱对她而言，只是享受生命的付出，犹如饭后消遣一般轻松和愉悦，但对普通人，却是一种难以负荷的责任。

　　　我真为她的健康担忧，每个晚上我都祈祷神赐福给她。看到那纤细和瘦弱的身体，每一个人都害怕她会倒下来。

这是记者马可在把弗洛伦斯誉为"仁慈天使"的那封信中所说的一段话。支撑她疲弱身体的完全是坚强的精神意志。虽然有不少护士、医生、牧师以及伤兵病人相继辞世，但她仍不改心志，始终继续她的工作。

1855 年 8 月，布雷斯布里奇夫妇回到英国，代替他们的职位前来陪伴弗洛伦斯的是玛侬姑妈。玛侬姑妈曾经在信中很详细地描述弗洛伦斯在斯库塔里的生活情形：

> 我的工作只是抄写，每天晚上 11 点之后就可以休息了，但弗洛伦斯却要为处理文件而绞尽脑汁，并且每天最早要到午夜一两点才能休息，到三四点也是常有的事，有时真的太忙了，甚至连续三个晚上都不曾合过眼。这里的饮食非常简单，只要花少许时间就可吃完一顿饭，但弗洛伦斯却经常在吃饭时间有急事要处理，这一去就是两三个小时。
>
> 1856 年 1 月 7 日的晚上，弗洛伦斯显得特别疲倦，我从没有看过她这种模样，于是劝她早点休息。但她却指着桌上一大沓的信说："我怎么能休息？还有这么多东西没有处理呢。"
>
> 我说，先休息，这些明天再做也不迟。她说不行，因为明天还有明天的工作。她一直忙到黎明。
>
> 弗洛伦斯一直埋首于工作，好像所有的知觉都没

有了，感觉不到饥饿、寒冷，就连睡觉、休息都可以省去。

或许是她的生理构造与众不同，在她的脑子里，早已装满了太多重要的事情，所以这些小事根本无法容纳。

她办事能力既快又好，这是我们很早就察觉到的，但她现在比以前更熟练、精明。任何复杂的工作，她都能处之泰然，一一排解，从不忽略任何一个微不足道的伤员或小事情。她真是一个沉着的孩子，虽然有时不免会抑郁感伤或激动愤怒，但她都尽可能压抑着不表露出来。我从来没见过她有焦急或不悦的神色，也不曾遇见过她手足无措，不知如何是好的时刻。

身患重病

弗洛伦斯能够使事情迎刃而解，除了本身的力量以外，还有那些来自上流社会，具有权势，在必要时能帮助她的朋友以及支持她的英国人。

维多利亚女王知道弗洛伦斯挑负着全民所给予的重担，也明白她的工作热忱，因此在弗洛伦斯到达斯库塔里一个月后，女王写了一封信给赫伯特：

请你代我转达你的夫人，如果她收到弗洛伦斯·南丁格尔小姐或布雷斯布里奇夫人由战地寄来的信件，一定要立刻交给我。

　　我时常收到将官们对战地所做的详细报告，但却很少收到关于受伤士兵的情况的报告，这是我最关心的事。我对勇敢作战的士兵非常关心，对于他们的痛苦更是日夜悬念，请你将我的关怀转达你的夫人，再由她转告布雷斯布里奇夫人或弗洛伦斯·南丁格尔小姐，并由弗洛伦斯·南丁格尔小姐转达给每一位士兵。

　　无论日夜，我都时时惦念着英勇的士兵，并关心他们的生活起居，请你的夫人传达我的问候之意，并代表我问候在医院中服务的护士们。

1854 年 12 月 6 日

　　当这封信越洋而来，一位牧师立刻将信的内容转告医院中的每一位士兵，并重新誊录一份，贴在公告栏上，所有的士兵都深受感动。从此以后，弗洛伦斯才得以直接向女王题写报告，这些报告多半都是改善医院的建议。

　　赫伯特以前所参与的皮尔内阁和 1855 年 2 月改组的帕麦斯顿内阁都一致支持弗洛伦斯的主张。

　　帕麦斯顿是弗洛伦斯在恩珀蕾花园的邻居，他们从小就认识。皮尔内阁改组后，赫伯特仍在新组的众议院中有相当大的势力，因此也成为弗洛伦斯强而有力的后盾。

　　弗洛伦斯借助所有的力量，成为一个受全体民众景仰和爱戴的伟大天使。

　　从她离开英国的那一刻起，人们心中就充满了感激与信赖，随着每一封家书及伤兵病人的痊愈，这些信赖和感激之情不断地提升。

　　不到一年时间，南丁格尔的姓氏已成为百姓日常生活中最常使用的词汇之一。即使在破旧、简陋的小木屋里，也洋溢着对弗洛伦斯的喜爱与敬意。

　　因为有了她，前线士兵的亲人才能减轻死亡所带来的威胁和恐惧。但众人的依靠却突然失去重心，因为弗洛伦斯病倒了！

　　1855 年 5 月，斯库塔里医院的一切已经步入正轨，弗洛伦斯接着又到克里米亚半岛巡视。

　　克里米亚半岛上有四家医院，每家医院都有足够的护士和一个护士长。弗洛伦斯以监督的身份，实地观察病患和护士们的生活起居以及工作情形，并分送慰问金到每个单位。

　　弗洛伦斯带着布雷斯布里奇先生、苏瓦耶和一名厨师以及 420 位身体康复、准备重回战场的士兵，由斯库塔里乘船到克里米亚的巴拉克拉瓦港登陆。

　　下船后，弗洛伦斯立刻到克里米亚半岛上相距很远且联络不便的四家医院去拜访。

　　沿途地形险恶，不易行走，天气也异常闷热，强烈的日光像要把大地和万物烧焦似的，但弗洛伦斯却毫不在意，依旧骑着马或跟着货车不停地前进。

她不但绕行崎岖颠簸的山路，还要在满是泥泞的道路和山谷间狭小、险峻的山路中行走好几公里。

弗洛伦斯一到克里米亚，士兵们就格外兴奋，他们发出的欢呼声不但响彻云霄，也传到驻扎在塞瓦斯托波尔的俄国军队那里，使得所有的俄国士兵大为震惊。

这是一项非常艰巨的工作，她除了要在四所医院中忙碌奔波外，还要到各个联军附属医院视察，拜访重要官员以及医疗业务的各阶层人士。她也没有忽略慰问每位病人，甚至是传染病病人，正因为这种热忱和尽职的个性，她感染上了"克里米亚热病"。

克里米亚热病的症状与其他热病不同，患者不会发高烧，但却在昏迷状态中耗尽体力，逐渐死去。弗洛伦斯到达克里米亚的时候，正是克里米亚热病横行的时候。

弗洛伦斯得病后，立刻被送到医院治疗，但由于半年来的过度劳累，她的身体虚弱不堪，毫无抵抗能力，于是她一时陷入危险状态。

"她早已置生死于度外，现在我只能向神祈祷，赐福并眷顾我的弗洛伦斯！"弗洛伦斯病危的消息传回英国后，母亲悲伤地说了这句话。

英国举国上下，无不对此噩耗震惊万分！

这个消息在斯库塔里引起的担忧和惊骇更是无法言喻，士兵们都面向墙壁，哀伤地暗自饮泣。

有一位将军骑马急奔到弗洛伦斯的病房前，一跃而下，问道："弗洛伦斯·南丁格尔小姐是不是住在这儿？我想见她一面。"

听到有人问话的声音，弗洛伦斯最忠实的属下罗巴丝女士立刻出来接待这位将军。"很抱歉，医师一再交代她必须保持绝对的平静，所以不能接见任何客人。"

"我知道，但无论如何，我必须见她一面。"他坚定、诚恳的态度，以及眉宇间深锁的愁云，就像是来与一位垂危的老友见最后一面，当面话别似的。

"恕我冒昧，请问将军尊姓大名？"

"我是远道而来的军官，弗洛伦斯小姐认得我！"

罗巴丝女士看他态度这么坚定，只好去请教医师，好不容易获得许可，让他和弗洛伦斯见一面。

这位朴实、诚恳的将军就是远征军的总司令巴克朗将军。在克里米亚众多的长官排斥、嘲笑弗洛伦斯的时候，这是唯一欢迎她的人。他曾给弗洛伦斯写了一封感谢函，弗洛伦斯一抵达克里米亚后立即前往他的营区问候，但不巧没有遇见。现在，她的病情正处于危急之际，巴克朗将军不远千里来探望她。

没想到，这竟是他们的最后一次会晤。

弗洛伦斯的病情逐渐好转，但巴克朗却在一个月后因感染克里米亚热病而与世长辞。他已是第三位逝世在克里米亚的总司令了。

如此一位身体强健的战地勇士都无法抵抗热病的摧残，

为何弗洛伦斯能够得救呢？可能是士兵们的敬爱和祈求在无形中结成一条坚固的绳索，把弗洛伦斯即将离去的生命紧紧缚住，重新拖回属于她的世界。

崇拜与敬重之情

弗洛伦斯得救了！全英国人民忐忑不安的心情这才得以平静，女王也在 28 日写信给陆军大臣说：

> 我听说伟大、高贵的弗洛伦斯·南丁格尔小姐已脱离险境，为了这件事我必须向神圣的上帝致以最高的谢意！

赫伯特以及所有认识她的人都劝她回国长期疗养，但弗洛伦斯一再拒绝，她只想到康复以后，该如何补救因病延误的许多工作。

她的个性以及深远的思虑是她坚持不肯回国的主要原因，在她一生中从没有半途而废的事，而且她也不愿意因自己的离去，使得护士、士兵以及在战场上所有需要她的人失去依靠。

士兵们或许会因为她不在身旁而失去生存的意义以及痊愈的希望，护士们也可能因为她的离去，而生出思乡之情，使信念动摇。这些都是弗洛伦斯不能忍受的。

"除非战乱平息，除非这里没有一位病患，否则我绝不离开这里。"这就是弗洛伦斯拒绝所有人的理由。

当她的这种决心和毅力在报纸上被发表时，人们的喜忧开始随着她病情的好坏起伏不定，国民对她的关怀已达极点，绝不是一年前的情景可以比拟的。

在茵幽别墅里，赞扬和勉励的信件如雪片般飞来，客厅里访客云集，芭斯诺普忙得一刻也不得安宁。

有一位绅士在写给芭斯诺普的信中说：

> 有资格取代陆、海军将帅的比比皆是，但想找一位代替弗洛伦斯·南丁格尔小姐的人恐怕太难了！所以一定要请她好好珍惜自己，为所有人民，也为了国家保重身体。

弗洛伦斯的名声远播之后，市面上开始大量销售各种版本的有关她的传记以及画像。但那些出版者因无法找到正确的数据源，只好靠与弗洛伦斯有一面之缘的人口述，加上自己的想象凭空杜撰。世界各地流传的弗洛伦斯·南丁格尔的画像以及传记，很少是真实可靠的。

新闻杂志上时常可以看到弗洛伦斯·南丁格尔的大名以及歌颂她的诗篇，连大学诗歌征文比赛也以弗洛伦斯·南丁格尔为主题，有时还配上乐谱，诸如此类的歌曲处处可闻，盛况空前。也有的人把她的肖像作为信纸的封面，或者用它作为瓷器上的花纹，也有以她居住的茵幽别墅附近的风景作为图案印在各种用品上的。

就是现在，也有很多人喜欢给自己的女儿起名为弗洛伦斯。

这种狂热的现象在每个民族中都曾发生过，他们因崇拜某个伟大的人物而表现出来的情感有如迎神赛会般热烈。

弗洛伦斯对于后方人民的轰动，有点不知所措，当姐姐把人们表达情感的东西——画像、信纸、剪贴、杂志一起寄到斯库塔里时，弗洛伦斯写了下面的回信：

> 谢谢你寄来的士兵补给品，但对于那些画像和颂扬功绩的报道，我实在不敢苟同。一个人肯付出真诚的爱心，绝不是为了求得别人的赞美。当我看见每一篇对远征护士队大事渲染的报道时，心中非常不愉快！任何一个计划都必须先扎稳根基后，才有茁壮的可能；也就是凡事都应该由小事默默地耕耘，并且不断地灌溉才能有成功的一日。别人的奉承和赞美，绝不是使事情向前推展的动力。我担心后方这些过分的夸耀会使护士们得意忘形或变得虚荣，破坏医院里的规则。我们的工作，相信是全国最有发展的计划之一，因此在一切还没有踏上轨道的试验过程中，如果受到太多的赞美，势必成为这项计划的阻碍。

这就是弗洛伦斯的心意，只要是有益于工作的批评或赞美，她都乐意接受，但对于这些变质的、影响工作进行的言辞，她总是感到失望和不悦。

所幸，并不是全英国都陷入这种浮躁、随俗的狂潮中。

维多利亚女王赐给弗洛伦斯一件礼物，并写了下面这封信，表达她至高的感谢与赞美：

亲爱的弗洛伦斯·南丁格尔小姐：

在充满血腥的战争里，你表现了基督教教徒崇高的牺牲精神。我内心的敬佩，相信聪明的你，应该很容易了解。

你的功劳比起勇敢的将士们有过之而无不及。你以慈祥的双手抚平了他们心灵和身体的创伤，对于这些伟大的贡献，我不知道应当如何来致意。我以一枚

以弗洛伦斯为背景的英镑

101

胸针作为君王感谢你的心意的象征，请你佩戴并珍惜我的情感。这枚胸针的花色和形状足以表达我真诚的祝福以及对你的崇高事业的敬意。

将来，如果能和你这位为我们女性争光的人成为好友，必定是我最高兴的事。我祈盼你身体健康，并接受我真诚的祝福。

这枚御赐的胸针是由亲王殿下亲手设计的，不但富有创意、别致精巧，而且对弗洛伦斯而言独具特殊意义。

胸针的表面是红色的珐琅，上面有圣·乔治的十字架，十字架上镶有一个钻石王冠，背面则是金色的丝带，上面有女王亲笔题的字："对献身服务、效忠女王的弗洛伦斯·南丁格尔致以最高的敬意与谢意。"

这是一个长 8 厘米，宽 6 厘米的胸针。当作饰物似乎稍显大了一点，但它是荣耀的象征。弗洛伦斯在战地时曾佩戴过几次，但回国以后就不曾使用了。现在，这枚胸针已被陈列在伦敦的博物馆里了！

母女的通信

伦敦的上流社会正计划举办各种活动来褒扬弗洛伦斯。但对无意于物质又无心于名位的弗洛伦斯来说，什么方式才能使她开心呢？这真是一个难题！

以赫伯特夫妻为首的上流社会经过磋商一致认为，向弗洛伦斯表示敬意的最好方法，莫过于设法使她的工作持久，并能充分发挥她的各项才能。赫伯特不愧是弗洛伦斯的知己。他们决定建立一所护士学校，培养她心目中真正的天使，于是筹款的工作积极展开。大家都相信，这种方式，她绝没有理由再推辞了。

这项正确而完美的提案由赫伯特担任名誉秘书，各筹备委员也相继产生，他们开始募集资金。

为了使全国人民都能向弗洛伦斯表达敬意，募款的范围没有局限在上流社会，而是以全英国人民为对象。

1855 年 11 月 29 日，曼彻斯特召开演讲会，阐明"弗洛伦斯基金"的宗旨。参加这次演说的主要是皇室宗亲。由于他们的光临，会场生色不少。

赫伯特和各界名士都分别发表了意见，赞扬弗洛伦斯的伟大，这些言论引起台下的共鸣，博得了热烈的掌声与一致的认同。

那天晚上母亲在写给弗洛伦斯的信中说：

> 11 月 29 日是我一生中最光荣的一天。孩子，虽然夜深了，但为你举办的演说会依然萦绕耳际，我必须立刻告诉你，否则我无法入眠。
>
> 在我们家族里，最不关心自己荣誉与名位的就是

你！但是今天，对南丁格尔家来说，却是一个最值得骄傲的日子。也许你不在乎这些，但我仍希望你与我共享喜悦。在英国，从来没有为了一名女子召开过这么盛大的演说会，你所塑造出来的女性形象将使更多的母亲感到骄傲。对你而言，或许有件事能使你欣慰，那就是赫伯特在今天的演说会上，赞扬了布雷斯布里奇夫妇献身战场的服务精神……我和你的姐姐芭斯诺普没有勇气出席演说会，直到散会前我们都不曾离开会场的休息室，时时有人前来报告演说的内容，所以我们对大会的所有情形都了如指掌。

世界上，能对自己的女儿感到如此满意的母亲实在不多，能够使母亲享有这等荣耀的女儿更是太少。

弗洛伦斯的回信如下：

如果显赫的声名和我为神以及人类做的工作能使您感到满足，那我也就满足了！我一味地工作，从不渴求声望与地位，但如果这些东西能使您觉得快乐，那将是我最大的欣慰！

今后，我会更爱惜我自己。弗洛伦斯·南丁格尔将经常出现在人们口中，如果你们会因此感到喜悦，这不但是我得到的最好的酬劳，也是对你们所付出的一切所给予的补偿。

"弗洛伦斯基金"募款的演说会开始在各地召开，甚至连战区医院和军队也不例外，长官们从不干涉这些活动，因此短时间内就募集了9000英镑的基金。

这笔庞大的基金代表着人们对弗洛伦斯的敬意。大家都希望她的大名永垂后世，并希望她在斯库塔里手持明灯，驱走黑暗，带来光明与力量。全英国的人们都静静地等待她归来。

身受责难

1855年9月11日，历时11个月的苦战，不论是守备一方还是攻击一方，都受到严重的损失。用血腥换得的塞瓦斯托波尔终于成为联军所有。

战争的胜负虽已成定局，但还没有到和平的阶段。小规模的战争仍在各处不断地发生，因此弗洛伦斯的工作仍然无法停息。

她再度来到克里米亚半岛，做为期五个月的逗留。她虽然尽心地从事这种艰苦的工作，却常常受到非常难堪的待遇。

在克里米亚遭受到的身心摧残，使她在回国后的大半生中，无法再站立起来，她一直被病魔所纠缠。身体的摧残对于弗洛伦斯来说也许不算什么，真正让她失望和痛苦的是人性。

在全国人民感激、赞扬不已的时刻，战地的官员们却对她不满、嫉妒，这是人类自私、卑鄙的天性。在充满厌恶、嫉妒的世界里，全能的弗洛伦斯也无法充分发挥天赋的才能，或达到完美的工作效率。

她从不计较自己的利益，只是全心全意要为可怜的伤兵病人服务，这种崇高伟大的精神，真可谓是仁慈的天使。可是，对于那些被遣送回国或曾挨过骂的护士，以及墨守成规、迂腐的官员，还有曾受嘲笑的大使和其他心胸狭小的人来说，弗洛伦斯不但不是仁慈的天使，反而是一个可憎的自大狂。

他们对弗洛伦斯的所作所为怀恨在心，因此处处吹毛求疵，出言不逊。他们的责难和批评大致上可分为两大类。可笑的是这两种论调完全不同，例如有一位官员说："弗洛伦斯·南丁格尔不但不遵从命令，不服从规定，还想破坏长久以来的传统，总是自以为是地武断行事！"

而另一种批评是这样的："弗洛伦斯·南丁格尔未免太拘泥于形式和规则了！凡事都要求得非常苛刻，几乎不近人情！"

只有光明正大、心胸坦荡的人才能了解弗洛伦斯的一切作为，前面说的那些责难和批评只不过是发自偏私、怨恨的小人之心罢了！然而，克里米亚的军医，尤其是以大本营为中心的高级长官，都是这类心怀妒意、自私自利的小人。

对这些人而言，受到全国支持、总揽大权、锋芒毕露的女子，简直是如芒刺背一样令人不舒服。弗洛伦斯表现得越是卓越，他们的嫉妒就越深。

当弗洛伦斯踏入克里米亚时，埋伏在周围、内心充满嫉妒的人们已开始准备做最有力的攻讦和批评。整个大本营弥漫着腾腾的杀气，所有官员都虎视眈眈地注视着弗洛伦斯的一举一动。

一位住在克里米亚巴拉克拉瓦的护士在日记中说：

那个护士总监督已经来了，她到底想干什么呢？
看样子有好戏可看了！

造成这种不愉快的局面，英国陆军部必须负起全部责任，只因为委任书上用词不当，才造成这么严重的后果——"授命为土耳其战地医院护士总监督"。

由于克里米亚半岛隶属俄国，不在土耳其境内，官员们才有了攻击弗洛伦斯的理由。但不论是陆军大臣还是弗洛伦斯都直觉地认为，凡是战争所及的野战医院都在她管辖的范围内，因此视察克里米亚各医院，只不过是她行使职权的一部分罢了。

弗洛伦斯认为如果不到克里米亚便有亏职守，但心怀成见的克里米亚官员却依据委任书上的讹误，认为她在克里米亚的身份，只不过是一个僭越权责、爱管闲事的侵入者和破坏行政的狂妄之徒。

他们居心叵测，蓄意干扰弗洛伦斯，但弗洛伦斯始终保持沉默，不予理会，只是坚定而勤勉地工作。她不畏崎岖险阻的山路，不怕繁忙和劳苦，不停地奔波，不断地为士兵们服务。但是她的工作热忱不但没有平息官员们心中的不满，反而使他们的嫉妒之火更加旺盛。

当时弗洛伦斯曾在日记中这样记载："没有一个军官不是想以对付圣女贞德一样的把我杀死，只不过他们顾虑支持我的全国人民，所以连陆军部也对我无可奈何！"但争执终于发生了，被戏称为"克里米亚墓地爵士"的军医总督霍尔博士和一位补给官，以及其他文武官员都向政府请愿说："请下令撤回弗洛伦斯·南丁格尔。"

弗洛伦斯也向政府表明自己的立场，并要求陆军部对委任书的用词加以修正，以免妨碍她在克里米亚的工作。

虽然以霍尔博士为首的势力非常庞大，但是高层认为弗洛伦斯的理由充分，因此在1856年2月20日，他们重新修改派令，确定她的职权。

表面上，弗洛伦斯获得胜利，但这场风波并没有平息，官员们的反感和嫉妒与日俱增。当弗洛伦斯率领着24名护士第三次来到克里米亚时，他们竟以拒绝发配粮饷为手段，想使她们知难而退。但万万没料到，弗洛伦斯自备粮食，使护士们免于饥饿。

在失去人和的地方，工作的开展显得格外困难，粮食又受到控制，更是难以进行。但在这种种压力威胁下，弗洛伦斯仍不放弃她本身的使命。

7月上旬，当任务已告一段落，她们准备回斯库塔里的时候，弗洛伦斯突然感到身体虚弱无比，她立刻立下遗嘱，以防万一。从此以后，病根深埋在她体内。往后的日子，她永远无法和正常人一样健康地生活。

回到祖国

1856 年 3 月 30 日，各国于巴黎签订和平条约，战争终告结束。英国、法国、意大利等国的军队都陆续踏上归程。

7 月初回到斯库塔里的弗洛伦斯也准备行装打算回国。

21 个月以来，她付出的爱心和努力总算没有白费，但在这片土地上，她仍有一件未了的心愿，那就是要在巴拉克拉瓦高地为阵亡的士兵和不幸牺牲的护士竖立一座巨型的大理石十字架，以表扬他们伟大的功绩。

6 月 3 日，英国陆军大臣遵照维多利亚女王的旨意，颁给弗洛伦斯一张感谢状，代表全体国民和英国政府的最高敬意。7 月 25 日，总司令发出了一封感谢函：

> 英国军人永远不会忘记你的恩典！
>
> 由于无知和组织不健全的关系，对你有误会和不敬，但是绝不会因此而磨灭你的功劳和恩惠，这是英国军人特有的美德，请你相信。

土耳其皇帝也赐给弗洛伦斯一只钻石手镯，并分送慰问金给每一位护士。现在，这只手镯和女王御赐的胸针都一起陈列在博物馆。

克里米亚和斯库塔里的军队都已全部回国，护士们也都回到自己的故乡，最后该是弗洛伦斯起程的时候了。

在英国本土，上自维多利亚女王，下至黎民百姓，没有人不高声欢呼弗洛伦斯·南丁格尔的名字。

久别故乡的克里米亚勇士滔滔不绝地向家人们诉说护士们的伟大与他们心中的无限敬爱。"如果不是她们，我恐怕无法再见到你们了！"

举国上下无不热切地期盼弗洛伦斯的归来。

要怎样迎接这位伟大的女英雄呢？不如开一个盛大的庆功宴，由市长和各团体领袖发表演说。也可以请她坐在美丽的花车上，由市民引导游行，接受人们的欢呼！

但是，弗洛伦斯天生不喜欢在热闹、喧哗的场合中出现，加上长久以来的劳累，她的身体早已衰竭不堪，而且已经立下遗嘱。在这种悲怆的心情下，她发现自己的体力绝对无法承受这份热情。因此她先把护士和自己的行李送回英国，再以朴素的打扮，随着玛依姑妈假冒史密斯夫人和小姐的身份，搭乘外国轮船，悄悄地离开了斯库塔里。

这个计划非常成功，无论在马赛、巴黎、伦敦，甚至于到茵幽别墅的一连串旅程中，都没有人察觉到这位身心疲惫、清瘦衰弱的史密斯小姐的真实身份。

1856 年 8 月 7 日，弗洛伦斯和两年前离开时一样，又悄悄地回到久别的茵幽别墅。

据说，她们从火车站沿着小径漫步回到家里，却没有人发现弗洛伦斯回来了。

尽管她无声无息地踏上祖国的土地，但欢迎会依旧如期举行，只是形式上有所改变，芭斯诺普在日记中记载：

> 第二天，当丘陵上的小教会鸣钟时，礼拜堂里举行了感恩会，这真是最纯真的欢迎仪式。

她事先寄回来的行李非常有趣，是士兵们送给她的一只俄国小狗、三只小猫，以及斯库塔里的泥土。

此外，弗洛伦斯还带回了两个少年，一个是跟随弗洛伦斯在医院工作了 10 个月的跛脚少年，一个是名叫彼得的俄籍年轻俘虏。

晚年的荣光

深受追捧

弗洛伦斯回国八年后，也就是 1864 年，世界性的医护组织红十字会在瑞士日内瓦成立。对于这个组织的诞生，弗洛伦斯功不可没。

红十字会的发起人是瑞士的医生杜南。

1859 年，法国和奥地利在索菲里诺展开激战，如同克里米亚的情景，伤兵们因缺乏护士的照顾，过着地狱般的生活。参加这次战地医疗工作的杜南目睹了这种惨状，于是提倡"救人不分敌我"，这就是世界医护组织红十字会的由来。

在一次于伦敦举行的大会上，杜南曾经说过：

"大家都以为我是红十字会的创始者，是日内瓦条约的发起人，事实上，这些荣耀都应当归属于一位伟大的英国女性，她就是在 1859 年鼓励我前往索菲里诺的弗洛伦斯·南丁格尔小姐。"

弗洛伦斯的成功，为世界上的所有女性开辟了一条新的道路，打破了女性只是客厅装饰品的陈腐观念，并向全世界宣布,女性对社会、对人类的贡献,是与男性占有相同分量的。

弗洛伦斯的成功，改变了女子从业就是卑贱的错误观念，重新为女性建立了正确的人生观，这不但得到了全英国的父母的认同，世界各国的人士也欣然称许。

弗洛伦斯悄悄回国的事被发表后，全国再度掀起热烈的高潮，不但各种报纸杂志殷勤地报道，问候与感谢的信件也如雪片飞来。但是弗洛伦斯除了会见几个亲密的好友，或是不得不见的要人外，绝不出现在公众面前。

人们对弗洛伦斯的热情实在难以用笔墨来形容。有一次弗洛伦斯接受政府邀请参加盛会的消息传开后，人们竟不分青红皂白地围住一位女性，硬说她就是弗洛伦斯。

"请让我摸一下你的披肩好吗？"

"请让我握一下你的手好吗？"

害得这位小姐百口莫辩，不知如何是好！弗洛伦斯的人缘实在是太好了！

她的一位朋友说，从克里米亚回国后，她一直深得民心，如果她有意运用这种声望和自身的才华，恐怕早已是一位侯爵夫人了。

未完成的心愿

弗洛伦斯无意接受群众的热情，也无心周旋于上流社会，谋求富贵。斯库塔里的工作是她最活跃的时期，她从此埋名隐居，丝毫不眷恋世俗的荣耀。

她的生命虽长达 90 年，但在她回国后的漫长岁月里，却始终无法摆脱病痛的纠缠。

经医师诊断，她的身体非常衰弱，而且神经系统和心脏机能都已不再像以前一样健康，经常发生休克的现象，但除了疲倦之外，却找不出其他的症状。因此除了长期疗养，没有其他有效的治疗方法。但是她并没有休息的打算，尽管别人苦口婆心地劝阻，医生也严厉警告，但她仍无动于衷。

原来，她心中还有尚未完成的事：

> 我要站在祭坛上，为无辜死亡的人们上诉，只要我一息尚存，我就要为他们而战。军人为国家牺牲了宝贵的生命，我必须替这种高贵可敬的行为争取最高的荣誉。为了这个目的，我一定要努力奋斗到底。

这就是弗洛伦斯在日记中吐露的心愿。

克里米亚伤残病人的惨状，时时浮现在她眼前，使她永远无法忘记。然而造成这种惨状的原因是陆军部的失职以及官员们的无能。

如何才能改善陆军部的现状呢？ 21 个月的实际经验使弗洛伦斯详细地了解了内幕，她研究过改革方案，并且拥有全国人民的信赖与托付这样庞大的后盾。

这些都是帮助她完成心愿的主要动力，她要借着这些优越的特殊条件改变英国的医护状况，使克里米亚的惨痛教训不再发生。因此她下定决心，为争取人类的福祉与政府当局周旋到底。

克里米亚战争虽已结束，但驻守在印度、伊朗等地的英国军队仍在混战之中，这是克里米亚悲剧的延续。弗洛伦斯为此忧心忡忡，哪有心情考虑自己的健康？

女王的御医詹姆斯·克拉克是弗洛伦斯的朋友，为了安排弗洛伦斯和女王见面，他特地在8月23日邀请弗洛伦斯到他在苏格兰的别墅静养一个月。因为维多利亚女王和亲王殿下最近可能会到附近避暑，这是一次非常难得的机会。

这个邀请使弗洛伦斯非常高兴，因为她很早就想当面向女王表达在斯库塔里时所蒙受关爱的谢意，她更希望日后的工作能得到女王的支持。

于是，9月15日弗洛伦斯来到克拉克的别墅，并于21日觐见维多利亚女王和亲王殿下。

26日，女王亲自接待弗洛伦斯，她们愉快地交谈着。

事后她赞美弗洛伦斯说："她有着高超的聪明才智，足可担任陆军大臣。"

弗洛伦斯也写信告诉朋友说："我见到了女王、亲王殿下和内务大臣，这使我感到非常荣幸！不论他们是否具有施政的实权，但他们重视并支持我的看法，我已非常满意了！"

如想实现弗洛伦斯的改革方案，首要关键是取得陆军大臣的合作。由于女王的安排，弗洛伦斯有机会与陆军大臣潘穆尔做一次详细的会谈，大臣诚恳倾听弗洛伦斯发表意见的态度，使她非常高兴。可是，想要全面改革陆军部的组织和制度不是件容易的事。因为思想落伍的守旧派仍然在陆军部占有很大的势力，这些人冥顽迂腐，绝对不会赞成这项改革方案的。

当年弗洛伦斯在斯库塔里时，医疗总督史密斯便是反对派的首脑人物，他们联合一批对弗洛伦斯有成见的官员，形成一股强大的反对力量。

陆军大臣潘穆尔不是一个急进分子，他是以延误要事出了名的大臣，弗洛伦斯曾经给他起了一个名副其实的绰号"老牛"。虽然他很重视也很赞成弗洛伦斯的意见，但却没有改革的勇气和决心。

弗洛伦斯为了挽救英军，贯彻自己的理想，不得不毅然决定对抗陆军部。

10 月 15 日，她从克拉克的别墅回到茵幽别墅，11 月 2 日又来到伦敦，以老巴林顿街的旅馆为大本营，开始进行激烈的对抗活动。当时人们称这家旅馆为"小陆军部"。

弗洛伦斯的身体状况每况愈下，她经常躺在安乐椅上，一边痛苦地呻吟，一边认真地写报告和处理文件。

要完成这件大事，少不了精明可靠的助手，他们除了要具备忠诚、服从以及密切配合的条件外，还必须具备服务、牺牲和敬业的精神，这种人才在弗洛伦斯的朋友圈中有很多。

为病魔所困的弗洛伦斯之所以能顺利地进行各项工作，

完全要归功于她得力的助手们。"小陆军部"是由才华出众的弗洛伦斯为中心，加上精干的助手群所结合而成的高效率团体。而他们背后强而有力的支柱是希德尼·赫伯特。赫伯特有慈悲的胸怀，个性酷似弗洛伦斯，两人交情甚笃，犹如同胞兄妹。

无论什么事情，弗洛伦斯能体会到的，赫伯特也从未忽略过，而赫伯特计划进行的事，往往弗洛伦斯也早已在心中盘算。只是赫伯特没有像弗洛伦斯一样积极地行动，也没有像她一样具有丰富的经验和见识。但他却拥有弗洛伦斯所没有的大权，权势对一个实行者是很重要的，这是弗洛伦斯唯一欠缺的。

因为她是女人，尽管全国人民和士兵都拥戴她，甚至女王也支持她，但她仍无法成为攻击塞瓦斯托波尔的指挥官，也无法成为英国陆军大臣。

由于这种缺憾，她和赫伯特之间存在一种不可分离的关系，维系这种关系的还有更坚固的友谊。

此外，在斯库塔里结识的朋友也都会聚成一股强大的力量，协助弗洛伦斯进行改革运动。其中有一位卫生专家——沙谢兰特博士是她最得力和最诚挚的朋友。他们共同磋商各种问题，合作亲密无间，他不但是弗洛伦斯晚年的密友，且将一生贡献于弗洛伦斯的事业，毫无怨言。

虽然他们不是政府官员，但对弗洛伦斯却有很大帮助。在她的亲戚中也有很多这样的人。

第一个就是玛依姑妈。从到斯库塔里，她就一直跟随弗洛伦斯，像慈母一样地照顾着身体赢弱的侄女。第二个就是表哥尼柯逊。他对弗洛伦斯崇拜有加，对她的命令绝对服从，不幸的是他积劳成疾，以致英年早逝。再就是姐夫哈利·巴尼。1857 年 6 月，38 岁的姐姐芭斯诺普与 55 岁并且已经有四个孩子的哈利·巴尼结为夫妻。姐夫是一个富有而慷慨的人，他给予了弗洛伦斯不少的支持。

阵容强大的"小陆军部"和英国陆军部相持不下。如此，不知不觉中又过了一年。

著述

基于女王、陆军大臣，以及众人的期盼，弗洛伦斯将她在远征中所遇到的事，以及自己对医疗改革的提议和感想，整理成厚达 567 页的《医院札记》。这本书以自费印刷，分送亲朋好友和与此段经历有关的人士。

不难想象，这本著作不仅是"小陆军部"改革案的蓝本，也成为英国医疗行政长久以来不可缺少的指南。

接着她又写了《1854 年以来三年间英国陆军医院之账目明细报告》。诚如书名，她将踏入斯库塔里的那一刻所携带的所有募款开支项目，一一列表详细记录。这本书仍自费印刷，分送给每一位捐款人，并公诸世人。

　　在报告书中，还附有斯库塔里和克里米亚各医院的详细地形图。这些可能都是她每晚在"传说塔"中整理出来的，如今再重新编排誊写而成。这本书印行之后，那些信任她、并大胆地把募款交给她的人们，不但知道弗洛伦斯的行事方针，也明白了自己捐出款项的真正去处，因此都不禁对她处理公事的严谨态度，以及勇于负责的作风感到由衷的敬佩。

　　她的报告书引起了统计学专家的注意。1858 年，她制订账目明细表的优异才能成为统计学会讨论与研究的专题。

　　这个需要耐性与定力才能完成的艰巨任务，却是弗洛伦斯在身体极差的状况下，和玛依姑妈奔走于各处的疗养地时制订出来的。这期间，虽名为养病，事实上她从未把工作卸下，因此身体一直没有好转的迹象。

　　有一次姐姐告诉朋友说："弗洛伦斯想用工作来自杀。"为此，沙谢兰特博士曾写了两封恳挚的长信，劝弗洛伦斯养病，但弗洛伦斯不但予以婉拒，反而责怪博士。

　　由于她的健康情形很差，生命危在旦夕，她希望充分利用仅存的每一分钟，为世人多尽一份力量，这样才能安心地离去。因此她绝不肯轻易放弃未完成的工作，反而比以往更加珍惜每一寸光阴。在这种情况下，她的健康状况日趋恶劣，终于累得无法起身。她自忖大限已到，于是在 1857 年 11 月 6 日写下遗书，将其寄给了赫伯特。

　　在克里米亚时，她曾亲笔立下遗嘱，但此刻，她连提笔的力气都没有了，因此必须要舅舅帮忙才能完成最后的遗言。

在遗书中，她仍无法忘记终身抱定的志向。她想建立一所护士学校，并为此募集了5000英镑作为"弗洛伦斯基金"，现在只好将这笔钱转交圣汤姆斯医院处理，她希望把父母身后她该得到的大笔遗产作为示范医院的建设资金，并规定其中必须包括图书室、化学实验室、娱乐场、操场等设备。

"小陆军部"的改革计划至此完全绝望，在她心中或许还有许多打不开的死结，她在最后弥留之际，仍念念不忘这项改革方案。

在这一年中，她最快乐的是姐姐芭斯诺普找到好的归宿，并使她有了一位富有而慷慨的姐夫。但却有另一件事使她非常伤心，那就是在斯库塔里时，始终跟随在她左右，负责士兵饮食的厨师苏瓦耶于8月10日病逝。

一种不可思议的力量使弗洛伦斯的身体又渐渐好转，因此，她更不可能放弃未完成的志向。

1859年，她的《家用护理手册》问世。这本书囊括了护士所应具备的各项知识，受到医学家和卫生学者的一致推荐，也将护理行业带入了崭新的时代。

这本书发行的第一天就销售了15000本，尤其是普通装订的廉价本，最受大众的喜爱，这是她所有著作中销路最好的一本。

读完《家用护理手册》后，维多利亚女王非常感动，立即写了感谢函并附上与亲王的合照送给弗洛伦斯。

《家用护理手册》除了英文版外，还被译成法文、意大利文，及其他多种不同版本。

"小陆军部"的工作宗旨，在于促使军队的医疗组织现代化，弗洛伦斯对士兵健康的关心由此可见，将这种关爱扩展开来，她希望所有人都能享有健全的医疗设备。她借着年轻时无法施展抱负的那段时期，在各医院间察访所得到的经验，又写了一本《护理备忘录》。

这本书详细地谈论医院改建和组织管理的方法，并对过去陈旧、不讲求效率的行政提出了新的建议。因此，此书一出，她便成了护理学的权威，无论是英国本土还是殖民地，甚至欧洲各国，都以她的意见为标准，遵循她的建议制定改革条例，她成了世界的卫生顾问。

此外，弗洛伦斯对宗教也有很虔诚的信仰，她在平日随笔中写了不少有关宗教思想的文章，经过细心的整理后，于1860年发行了3卷800多页的《思想的提倡》。

1859年3月，内阁再次改组，由赫伯特担任陆军大臣，代替"老牛"潘穆尔的位置，掌管陆军部。

赫伯特依照弗洛伦斯的提议，改革陆军的卫生医疗设备，并且改建兵营和医院的建筑和装备，尤其注重空气调节器、暖气系统、照明装备以及厨房设备。另外还设立了陆军医校。弗洛伦斯在斯库塔里发起的"军队教育"也成为军人生活的重要部分。为了防止士兵的堕落与士气的散漫，营区里都设有图书馆、运动场、休息室以及咖啡馆等设施，施行效果良好，这成为世界各地军人休闲场所的起源。

国内的医疗设备已经得到改善，弗洛伦斯又准备改革驻守印度的英军卫生组织。

首先，她须运用手腕拉拢陆军部和印度政府的官员，尤其重要的是印度总督和司令官，她设法通过有权势的重要官员来进行医疗改革工作。本来，她的改革对象仅限于驻守印度的英国军队，但却意外地同时引起印度当地军队的改革，进而又影响全印度军民医疗设施的改革，这真是一项意外的收获。

因此，弗洛伦斯成为印度人心目中的女英雄。于是，每位新任的总督在礼貌上都会登门请教弗洛伦斯有关的问题。她已然成为卫生医疗改革专家了。

老朋友去世

弗洛伦斯并不因这些成就而自满，她认为陆军医疗部虽已得到改善，但陆军部本身却是改革的重点，否则内阁改组或赫伯特辞职的话，恐怕改革又难以顺利地进行了！

所以，她必须把握住赫伯特在位的机会，实现这个理想。但这件事即使得到赫伯特的全力支持，也无法像改革医疗部那样顺利，因为它必须耗费庞大的资金，所以一定得经过财务大臣的批准，但财务大臣格拉特斯顿是有名的牛脾气、难应付的老顽固。

当改革的消息传出后，陆军部的守旧派立刻团结起来，猛烈反对这项革新。他们所忧惧的是长年来辛苦争取到的地位和势力，会因为革新而受到影响。

守旧派以军务次长为领袖，他们的反对使得弗洛伦斯的改革方案寸步难行。而且，赫伯特两年前得过肠膜炎，健康情况一直不好。如今面临大敌，又要设法将陆军部改革为弗洛伦斯理想中的那样，这使他忧虑过度，导致旧疾复发，病情恶化。

他屡次想辞职休养，弗洛伦斯却屡次劝阻，他只得抱病留职。但他终于无法再支持下去，于是他首先辞去众议院的职务，再把没有标日期的辞职书呈送首相。1861 年 7 月 9 日，他去拜访弗洛伦斯并向她辞行，之后起程前往比利时的温泉地养病。

在温泉地静养，并没有使赫伯特的病情好转，7 月 25 日，他回到故乡威尔顿，不幸于 8 月 20 日与世长辞。临终前他口中念着："可怜的弗洛伦斯……可怜的弗洛伦斯……虽然我们已尽了最大的努力，但我们的工作还没有完成……"

赫伯特自从认识弗洛伦斯以后，生活便有了很大的转变。

有人说他的健康恶化，以致丧失生命，完全是弗洛伦斯一手造成的，因为他非常佩服弗洛伦斯，赞同她的看法和作风，所以不惜付出生命的代价，去完成她的理想，实现她的抱负。

弗洛伦斯抱病在床，动弹不得。在这种情况下，赫伯特的死亡带给她很严重的打击，她内心的悲痛不难想象，但她强忍泪水，由衷地哀悼，并为赫伯特的灵魂祈祷。

赫伯特的死是弗洛伦斯一生中经历的最悲痛的事情。自身的病痛已是极大的不幸了，没想到赫伯特比她更不幸！

她就像折断了翅膀的鸟，从高空向地面急速地坠落。无论她有多丰富的经验和知识，或多远大的抱负，现在都已无法实现了。改革陆军部的理想已成泡影，"小陆军部"也宣告瘫痪了！但她仍不愿放弃，擦去泪水，再度寻觅，希望能找到一个足以代替赫伯特的人。

弗洛伦斯在陆军部的影响力大约持续了10年之久。但是这种关系随着岁月而逐渐消逝，她不但无力再改革陆军部，连其他事也无能为力了。

赫伯特去世的同一年，还有另一件不幸的事发生，那就是一度成为她左右手的表哥尼柯逊也因积劳成疾而去世了！

创办护士学校

"弗洛伦斯基金"一直等待着弗洛伦斯康复后亲自使用，但她的身体始终不见好转。为了避免延误太久，1859年，她终于在病床上指挥建校工作。

这所护士学校附设于伦敦第一流的圣汤姆斯医院，名叫"南丁格尔护士学校"。

在《家用护理手册》中，弗洛伦斯曾指出护士的基本条件，现在，这所护士学校便是以书中所说的原则，招收有涵养、热心肠、有服务精神的女性，以便培养出像弗洛伦斯一样有才能的一流护士。

护士学校的组织和制度、经营方法和课业的安排都由弗洛伦斯一手策划。但因她无法亲自主持，于是委任沃博女士为第一任校长，并任命姐夫为校方基金委员会的委员长，卡特表弟为秘书。

学校修业年限是一年，因此在 1860 年就产生了第一届毕业生，各地医院都争聘这 15 位优秀的护士。由于她们的服务成绩相当卓越，母校的信誉蒸蒸日上。

该校的毕业生人数逐年增加，她们有的成为大医院的护士长，有的担任其他护士学校的指导员，也有的到军中为士兵服务。她们分散各地，为人类造福。

虽然弗洛伦斯无法参加"南丁格尔护士学校"的落成典礼，或某些重要的聚会，但学生们至少都有一次与她见面的机会。除非她的病情突然恶化，否则，她都会和学生们谈些有趣且有益于她们课业学习的事。

弗洛伦斯非常爱护学生，每年她都会送给毕业生一件精美而有意义的纪念品。当在伦敦近郊服务的同学来信向她请教问题时，她不但会给予满意的解答，还会附上鸡蛋或鲜花等礼品，派人送去。

因为她对学生爱护备至，所以凡是进入这个学校的学生，永远都像对待慈母般地敬爱她，无论是课业或工作上的困难，都喜欢主动请求她指导。

弗洛伦斯虽然经年躺在病床上，但她却时常写信。

由于毕业生分散在世界各地，所以请求赐教的信也来自不同的地方。这些学子的困难也代表着世界各地医疗事业存在的问题，所以她的每一封回信都格外谨慎、详细，充满关切和鼓励之意。

除了来信外，也有很多人要求与她见面，但她都谢绝了，因此，连一些大臣或重要官员都难得见到她，只有护士们可以独享特权。

毕业的学生中，难免有些性情比较古怪，常常郁闷、想不开，或对生命感到倦怠或内心受过创伤，但只要她们和弗洛伦斯相处后，就会发觉生命的真谛与价值，然后充满信心地回到自己的工作岗位上，为这份值得骄傲的工作贡献所有的力量。

"被她的爱心所感化的人都会在长时间内保持着轻松、开朗的心情。"这是校长沃博说的。

年轻的护士们渴求着她的教导、鼓励以及安慰——就像当时在克里米亚的勇士们一样。现在，她成为全世界各地护士的导师。

除了个别指导外，她每年还会写一篇书面致辞交给校方朗读。这些文章后来合订成《南丁格尔书信集》，并在世界各国发行。

弗洛伦斯看见社会上对护士的偏见已逐渐消除，且提高了她们的地位和待遇，心中真有说不出的喜悦。但是，她也看见护士的工作普遍化后，有许多人随波逐流，不考虑自己的能力，就盲目地选择这项职业，因此非常伤心。弗洛伦斯在另一篇文章中说：

> 对一个贫穷而恼人的病患能够耐心照顾，并且在他不幸病逝后仍会掩面痛哭的护士才是天使。那些只在病房巡视一番，统计着从昨夜到今天一共死了多少人，而一点也不伤心的护士，就不是天使了！

她认为，这项工作必须具有绝对的爱心，没有爱心，它就失去了应有的意义。

"南丁格尔护士学校"的入学考试非常严格。曾跟随沃博校长多年的克露沙兰特老师在一次聚会中，对学校的入学资格做了下面的说明：

> 普通科学生，年龄限 25～35 岁之间，对象是上流社会的用人，以及佃农、商人、工人的女儿，她们必须具有聪明的头脑和基本的教育知识。
>
> 此外，还必须绝对服从医师，并且能对患者做仔细的观察和正确的报告。而且，在接受命令后，要马上付诸行动，动作和思考要都非常敏捷。

要有健康的身体、自愿奉献的爱心、不屈不挠的意志和耐心，以及身体力行的精神，这样才有资格接受普通科的卫生教育，成为正式的学生。

凡是前来报名的人都必须经过弗洛伦斯的审定考试，因为她能很准确地分析每个人的品格优劣，评语也异常苛刻而允当。

弗洛伦斯虽将爱心完全灌注到这所学校，但她却仅仅去过一次，那是1882年1月17日，她病情好转的时候。

抱病会客

弗洛伦斯在回国后的54年中，从没有离开过房子吗？

她曾利用清晨无人的时候，悄悄坐马车到附近的海德公园散步，以免被人发觉，引起麻烦。自从父亲去世以后，她经常回到茵幽别墅，陪伴年老孤寂的母亲，有一年还足足逗留了四个月之久。

当她回到这个熟悉的环境时，仍然不忘像从前一样为村民们尽心尽力。她设立图书馆、休闲场所，还举办了"妈妈聚会"之类的活动。

在回国后的54年中，她只有3次公开露面。第一次是到护士学校；第二次是1882年11月18日，应首相的邀请，参观由埃及凯旋的远征骑兵队阅兵大典，她被安排在特别来宾席中，与首相和首相夫人同坐。

最后一次，是同年的 12 月 4 日，她接受英国女王的邀请，参加法院落成典礼。

当时，女王对她说："你看起来气色很好，我真为你高兴。"

这一年她 62 岁，已是最后一次公开露面了！

第二年春天，弗洛伦斯接受了表彰她劳苦功高的红十字勋章。7 月 25 日，她因病婉辞了女王在温莎宫为她举办的庆功晚宴。

弗洛伦斯一向不喜欢受到别人的干扰，因此经常谢绝那些要求见面的访客，尤其是从 1861 年起，连母亲和姐姐想见她，都得事先约定时间。

据说有一次，首相也因为事先没有预约而遭到拒绝。她的身体无法支撑长时间的谈话，有时，上午和父亲共叙了一段时间后，便得请他先回去，下午再来，以间断休息的方式恢复体力。

有一天，经常替弗洛伦斯换购鲜花的阿萨顿男爵夫人带着女儿前来，希望能与她见面，但是遭到拒绝，于是男爵夫人留下字条说：

我原来只希望能和你的猫一样，在你吃饭的时候，静静地坐在一角陪你，我相信这样会比你一个人吃饭来得好些，但此刻我却只能留给你一张字条。

看她的语气，似乎带点儿埋怨的味道。但在这几行字的后面，她的女儿却写道：

母亲说五分钟就足够了，否则透过钥匙孔看看您也可以，她只希望能够和您说说话。

这种谢绝会客的方法似乎有点冷酷和无情。可是她之所以要完全谢绝不必要的客人，就是希望能够以那种孱弱的身体，完成一些未完成的工作。

弗洛伦斯·南丁格尔的名字已传遍整个欧洲，因此，来自欧洲各地的信件和贵宾络绎不绝。按常理说，她实在无法回绝来自远方的访客，于是只能尽力而为。但另一方面她又顾虑到在房间会客，实在有失礼仪，因此拟了一张字条贴在门口：

1. 除了对医疗事业和护理有兴趣者外，概不会见。

2. 见面时，请以一人为宜。

3. 因病卧床，一切从简，有不敬之处，请多包涵。

对于外国的贵宾，她都尽可能地接待，只有荷兰女王来访时，恰逢弗洛伦斯病重，未能如愿。

在众多宾客中，弗洛伦斯与阿里斯亲王和德国威廉皇帝的妃子维多利亚殿下最要好，因为他们都是维多利亚女王的亲戚，弗洛伦斯经常与他们通信。

因统一意大利而闻名的加里波第在 1865 年 4 月访问英国时，也曾要求会见弗洛伦斯。

当时，加里波第可说是全欧洲万人瞩目的伟大英雄，因此，他们的会面成为轰动一时的新闻。

虽然，外交官员小心翼翼地计划会面时间，悄悄地用马车把加里波第接到弗洛伦斯的住所，但消息仍然走漏，会面受到了记者们的干扰。

当时著名的意大利声乐家康德赛也曾友善地拜访弗洛伦斯，并为她演唱动听的歌曲，这使向来喜好音乐的弗洛伦斯在繁重的会客谈话后，得到了最舒适的调剂。

亲友的逝去

1874 年，弗洛伦斯 54 岁时，她的父亲去世了。他是弗洛伦斯最忠实的崇拜者，凡是女儿的只言片语，他都不曾遗忘，且由衷地钦佩她。

母亲长父亲 8 岁，虽然身体硬朗，但晚年时已经神志不清，经常胡言乱语："弗洛伦斯在哪儿？她还在医院工作吗？她不打算结婚吗？"

有时，弗洛伦斯来探望她，她会说："你是谁啊？哦……你就是弗洛伦斯吗？对,对,我知道了,快过来！跟我在一起,不要再走了！只要你留在我身边，我每天都会很快乐的……可是不行呀！你有你的工作，你不能陪我……"她口中总是念念有词，自言自语。

1880年，弗洛伦斯60岁时，母亲去世了。

此外，对她忠心耿耿的姐夫巴尼、姐姐芭斯诺普、玛依姑妈，也相继去世。

1891年，弗洛伦斯71岁时，在"小陆军部"中与她共论大事的沙达兰特博士也在80岁生日后去世了。"请多保重！"这是沙达兰特留给弗洛伦斯的最后一句话。

1901年，比弗洛伦斯大一岁的维多利亚女王驾崩了！她是最了解弗洛伦斯,且全力支持弗洛伦斯的唯一同性好友。这位极力赞助她、为她解除困难的女王在81岁时，永别了弗洛伦斯。

"39年前的今天，我带着无限的祝福到斯库塔里。长久以来，我梦寐以求的事终能如愿以偿。现在，围绕我的却是忧伤和失意，神呀！我愿搭上天国的船，随您回航。"这是1893年11月3日，弗洛伦斯日记中的一段话。

从6岁起，她的心中就蕴藏着一个伟大的梦，这个梦随着岁月的成长，引导着她向前迈进，她终于实现了她的理想。现在，她仍要带着这个理想归向天国。

弗洛伦斯在60岁以后逐渐发福，但是她优雅的气质和神韵依然如故，只是脸庞变胖了。

她的健康状况在晚年时似乎有点好转。据推测可能是因为她年事老迈，能力也随着衰退，因此工作量相对减少，"不再以工作来自杀"的关系吧！

六十七八岁时，弗洛伦斯的视力衰退，75 岁以后，她经常忘记人名和数字，慢慢地许多事情都从她的记忆中消失。

1879 年，弗洛伦斯 77 岁那年，为了庆祝女王即位 60 周年，她受邀参加白金汉宫的盛大庆典。但这时她已经寸步难行，无法下床了，可是她依旧神采飞扬。

为了宣扬维多利亚女王在位时护士法改善的绩效，盛典中特辟了一处展示会场。

展示计划张贴不少弗洛伦斯的照片、亲笔信函，以及在克里米亚具有代表性的纪念品，这些都得由承办人向弗洛伦斯借取。

"你说什么？简直无聊透顶，多庸俗的构想！什么是克里米亚战争的纪念品？如果你想知道，我告诉你好了，那就是全英国人的愚蠢和政府的失策，为了这些，我历经了各种惨痛的经验，这些经验就是纪念品。此外就是更纯熟的护士医疗技术。这都是克里米亚战场的赐予！

"要张贴我的照片？太可笑了！我绝不会借给你，甚至其他你想得到的东西，一概不借，这些东西能代表什么？你们这群庸俗之徒，只认得外面的金字招牌，却不去品尝厨师的技巧，我绝不愿意成为你们展示会场的招牌。"

"你们为什么不想想希德尼·赫伯特和所有卫生委员们的贡献呢？如果没有他们，英国的卫生教育能有今天的成就吗？你们要那些照片究竟有什么用？回去好好想想吧！当我们正在争论的时候，印度孟买成千的人民却因疾病的流行而苦不堪言！"

她对事物的看法依旧如同往昔，没有多大变化。无奈受斥骂的承

年迈的弗洛伦斯

办人只好央求弗洛伦斯的好友再度向她请求，好不容易才借到一张半身的照片，以及一辆在克里米亚使用过的马车。

女神之光

1897 年 12 月 25 日是克里米亚巴拉克拉瓦战役的纪念日，弗洛伦斯给战争中幸而生还的战士们写了一封信，信中说：

不要厌恶人生，生命是神最伟大、最神圣的赐予，只要能按照神的旨意，行使神的使命，那么不论是今生或来世，我们的生命都将散发出无限的光芒。愿神祝福你们！

这时候的弗洛伦斯身体和精神都已经大不如以前了，她必须靠身边的秘书和用人协理日常事务。

始终放在弗洛伦斯床头的纸和笔已经不见了。自从无法提笔后，她便改用口述的方式，由秘书随时笔录，但现在，她连口述的能力都丧失了，只好完全停止她热爱的工作。

来自各地的信件仍如雪片纷飞而至，其中以士兵的信件最能使弗洛伦斯感到安慰。

弗洛伦斯从小就是一个坚强的女孩，现在，她的个性依然倔强。据说，她最讨厌别人把她当作病人看待。

一天晚上，护士像往常一样进入她的房间，为她整理床铺，让她舒服地躺下，再用毛毯裹住她的肩膀、腹部和腿部，然后轻轻地为她盖上一条柔软的被子，不一会儿便推门缓步走出了卧室。

弗洛伦斯静静地躺在床上，听到护士的脚步声离去，她便立刻起身，掀开被子，踢去毛毯，随后来到隔壁的房间。

正准备休息的护士被弗洛伦斯吓了一跳。但弗洛伦斯却微笑示意，请她躺下，再以刚才护士所用的方法，照样做了一次，然后很得意地回到自己的房里去了。

弗洛伦斯心情好的时候，经常和护士开这种玩笑，让人哭笑不得。

1900年，弗洛伦斯过80岁生日时，英国的皇族和许多民众，甚至世界各地的学校和护士团体，都前来为她祝寿。

1907年11月，继任维多利亚女王的是爱德华国王，他赐给弗洛伦斯一枚荣誉勋章，这是值得每个人仰望的无上荣光，而她是第一位受此殊荣的伟大女性。

新闻和各大报刊再度掀起对弗洛伦斯的报道高潮，来自各地的贺电不绝于途。刚好来英国访问的德皇也是弗洛伦斯的仰慕者，他特派属下送去了美丽的花朵和动人的贺词。

这时的弗洛伦斯卧病在床，而且神志也模糊不清了。

荣誉勋章由国王的使者亲自送到她在伦敦的住宅，并当场举行了简单的颁赠仪式。

国王特派使者庄严致辞后，颁赠了这枚勋章给躺在床上、用枕头勉强支持上身的弗洛伦斯。她在接受勋章时，口中还不断地说着："不敢当！不敢当！"

最后两年的日子里，她陷入半昏迷的状态中。

1910 年 8 月，弗洛伦斯的病情再度恶化。13 日的午后，她开始进入昏睡状态，到了下午 2 点 30 分，便与世长辞了。

临终之前，她没有留下只言片语，悄然而安静地离开了！或许她的生命已圆满无缺，所以她无须再说任何话了！

弗洛伦斯在遗书中交代葬礼必须简单，送葬的人不得超过两位。人们以尽量顺从她的心愿为原则，在简单、隆重而庄严的气氛下完成了葬礼。

在英国，对国家有功勋的人大都埋葬在伦敦威斯敏斯特大教堂，因此政府和百姓都有意将她安葬于此，但是遗书中显示，弗洛伦斯希望与父母合葬，经由亲戚的辞谢，她终于如愿以偿。

　　弗洛伦斯追悼会在各地隆重地举行，大部分地区都为她竖立了纪念碑。

　　"一天之中，从不曾偷闲过十分钟。"如此伟大的护理先驱走完了她勤勉的一生，她不愧为世界上最难得、最可贵的女性！